A BIBLIOTECA E A NAÇÃO
ENTRE CATÁLOGOS, EXPOSIÇÕES, DOCUMENTOS E MEMÓRIA

Editora Appris Ltda.
1.ª Edição - Copyright© 2024 do autor
Direitos de Edição Reservados à Editora Appris Ltda.

Nenhuma parte desta obra poderá ser utilizada indevidamente, sem estar de acordo com a Lei nº 9.610/98. Se incorreções forem encontradas, serão de exclusiva responsabilidade de seus organizadores. Foi realizado o Depósito Legal na Fundação Biblioteca Nacional, de acordo com as Leis nᵒˢ 10.994, de 14/12/2004, e 12.192, de 14/01/2010.

Catalogação na Fonte
Elaborado por: Josefina A. S. Guedes
Bibliotecária CRB 9/870

J97b
2024
	Juvêncio, Carlos Henrique
	    A biblioteca e a nação: entre catálogos, exposições, documentos e memória / Carlos Henrique Juvêncio. – 1. ed. – Curitiba: Appris, 2024.
	    188 p. ; 23 cm. – (Geral).
	
	    Inclui referências.
	    ISBN 978-65-250-5872-6
	
	    1. Biblioteca Nacional. 2. História. 3. Memória. I. Título. II. Série.
	
	                                                                    CDD – 020.66281

Livro de acordo com a normalização técnica da ABNT

Appris
editora

Editora e Livraria Appris Ltda.
Av. Manoel Ribas, 2265 – Mercês
Curitiba/PR – CEP: 80810-002
Tel. (41) 3156 - 4731
www.editoraappris.com.br

Printed in Brazil
Impresso no Brasil

CARLOS HENRIQUE JUVÊNCIO

A BIBLIOTECA E A NAÇÃO
ENTRE CATÁLOGOS, EXPOSIÇÕES, DOCUMENTOS E MEMÓRIA

Appris
editora

FICHA TÉCNICA

EDITORIAL	Augusto Coelho Sara C. de Andrade Coelho
COMITÊ EDITORIAL	Ana El Achkar (UNIVERSO/RJ) Andréa Barbosa Gouveia (UFPR) Conrado Moreira Mendes (PUC-MG) Eliete Correia dos Santos (UEPB) Fabiano Santos (UERJ/IESP) Francinete Fernandes de Sousa (UEPB) Francisco Carlos Duarte (PUCPR) Francisco de Assis (Fiam-Faam, SP, Brasil) Jacques de Lima Ferreira (UP) Juliana Reichert Assunção Tonelli (UEL) Maria Aparecida Barbosa (USP) Maria Helena Zamora (PUC-Rio) Maria Margarida de Andrade (Umack) Marilda Aparecida Behrens (PUCPR) Marli Caetano Roque Ismael da Costa Güllich (UFFS) Toni Reis (UFPR) Valdomiro de Oliveira (UFPR) Valério Brusamolin (IFPR
SUPERVISOR DA PRODUÇÃO	Renata Cristina Lopes Miccelli
ASSESSORIA EDITORIAL	Miriam Gomes
REVISÃO	Stephanie Ferreira Lima
PRODUÇÃO EDITORIAL	Miriam Gomes
DIAGRAMAÇÃO	Bruno Ferreira Nascimento
CAPA	João Vitor Oliveira dos Anjos
REVISÃO DE PROVA	Isabela Bastos

À Bárbara e ao Théo, que dão sentido a tudo.

AGRADECIMENTOS

Em primeiro lugar, agradeço à Fundação Carlos Chagas de Amparo à Pesquisa do Estado do Rio de Janeiro, o fomento à pesquisa em ciências humanas e sociais é tão incipiente que sempre devemos louvar editais específicos voltadas às instituições de memória e cultura como a Biblioteca Nacional.

Não posso esquecer, de modo algum, de todos os amigos da Biblioteca Nacional, o meu eu profissional de hoje deve toda a sua formação ao aprendizado ao longo dos anos nos quais estive na instituição. Não quero que faltem nomes, portanto, louvarei setores: Manuscritos (minha eterna casa) e que sempre me acolhe e instiga nas pesquisas, Periódicos, sempre tão generosos e amorosos no dia a dia, Planor, cujos desafios do nacional começaram a se desenhar na minha mente no Encontro Nacional de Acervos Raros, Obras Gerais e Iconografia, cuja proximidade se forjou nas trocas cotidianas.

À Universidade Federal Fluminense, em especial ao Departamento de Ciência da Informação e ao Programa de Pós-Graduação em Ciência da Informação, que me receberam de braços abertos e me ensinaram a me reconhecer novamente em terras cariocas.

Aos amigos de todas as horas e que muito contribuíram com este trabalho ao me ouvirem: Ana Paula Sampaio Caldeira, Igor Alves Coelho, Vítor Serejo, Giovanna Cavotti, Lívia Ferreira, Andre Vieira de Freitas Araujo, Sara Poubel, Fernanda Souza da Silva e tantos outros.

Por fim, à minha família, Branca, Henrique, Isabella e Wilians, pelo apoio de sempre, e aos meus amores, Bárbara e Théo, que a cada dia me ensinam mais sobre tudo do mundo.

O campo mais complexo que constitui a problemática da transmissão – o campo patrimonial – induziu, nos últimos anos, uma reflexão mais precisa sobre os mecanismos de constituição e de extensão do patrimônio: a patrimonialização. Para além da abordagem empírica, numerosas pesquisas atualmente tentam analisar a instituição, a fábrica do patrimônio, como a resultante de intervenções e de estratégias enfocando a marcação e a sinalização (enquadramento). A ideia de patrimonialização impõe-se também à compreensão do estatuto social daquilo que é o patrimônio, assim como alguns autores se referem à ideia de "artificação" (Shapiro, 2004) para compreender a valorização das obras de arte. "O patrimônio é o processo cultural ou o resultado daquilo que remete aos modos de produção e de negociação ligados à identidade cultural, à memória coletiva e individual e aos valores sociais e culturais" (Smith, 2006). O que significa que, se aceitamos que o patrimônio representa o resultado de um processo fundado sobre certo número de valores, isso implica que são esses mesmos valores que fundam o patrimônio. Tais valores justificam a análise, bem como – por vezes – a contestação do patrimônio.

(Desvallées; Mairesse, 2013, p. 75-76).

PREFÁCIO

O prefácio, como o leitor bem sabe, é um gênero que tem como objetivo apresentar uma obra, convidando à sua leitura. Quem o escreve, o prefaciador ou prefaciadora, é alguém que ocupa um papel privilegiado, afinal de contas, é uma espécie de "leitor primeiro", alguém que conhece o livro antes mesmo dele ganhar esta forma, a de um livro. Mas seu papel é também desafiador, porque exige convencer o leitor de que vale a pena ler o objeto que tem em mãos. Para que este processo de convencimento realmente funcione e não soe artificial, talvez a primeira pergunta que o prefaciador tenha de fazer a si mesmo é: por que ler este livro? O que ele tem de importante a dizer sobre a matéria à qual se dedica?

Eu poderia tentar convencer o leitor a lê-lo, destacando a pertinência e a importância da questão abordada pelo autor. Neste livro, Carlos Henrique Juvêncio tem como objetivo entender a Biblioteca Nacional como lugar de construção do nacional. Questão difícil de enfrentar, sobretudo pelo fato de estarmos diante de uma instituição que, como lembra o autor, foi muito eficaz no trabalho de celebrar suas conquistas e construir uma memória de si mesma — uma memória monumental, que não apenas enfatiza constantemente a sua grandiosidade e o seu passado envolto em coleções reais, fugas e travessias de oceano, mas uma memória que frequentemente toma o nacional quase como uma natureza, uma "expressão" de suas coleções e documentos. O que Carlos Juvêncio faz em *A Biblioteca e a Nação* é despir essa biblioteca do seu manto monumental e mostrar que, ao invés de um lugar de *expressão* do nacional, a BN ajudou a *construir* uma ideia do que é o nacional. Isso significa considerar, como Juvêncio já destacou em trabalhos anteriores,[1] que essa biblioteca tem importância pelo que executa e não apenas pela sua função de preservação. Esse é um aspecto importante, porque, quando falamos de uma instituição com a trajetória da BN, muitas vezes se ressalta a sua função conservadora, aspecto que, inclusive, é destacado o tempo todo pelo próprio discurso institucional, conforme já ressaltou Luciana Grings.[2] Menos explorada parece ser a percepção de que,

---

[1] JUVENCIO, Carlos Henrique. La Biblioteca Nacional brasileña y la formación de Brasil: entre libros y símbolos. *In*: GARCÍA, Felipe Barcenas; GRAVIER, Marina Garone. *Las fronteras de las letras*. Innovación-regulación de la cultura escrita. Pasado y presente. Cidade do México: Solar Editores, 2022. p. 81-104.

[2] GRINGS, Luciana. *O leigo e o especialista*: memórias da administração da Biblioteca Nacional nas décadas de 1960 e 1970. Rio de Janeiro: Fundação Biblioteca Nacional, 2019.

sem desconsiderar seu papel como espaço de preservação do patrimônio documental, a BN também pode ser entendida como um lugar de produção de conhecimentos e de discursos sobre o passado brasileiro. A Biblioteca Nacional não está, nem nunca esteve, sozinha nessa tarefa, é bem verdade. Outras instituições culturais também trabalharam em prol da construção de ideários de nação, como o Instituto Histórico e Geográfico Brasileiro, o Arquivo Nacional e o Museu Nacional. Instituições com as quais a Biblioteca Nacional também teve de dialogar e, por vezes, disputar, como bem lembra Juvêncio. A não exclusividade não tira da BN o seu papel de destaque na tarefa de construir simbolicamente uma nação, de dar a ela um passado e um lastro temporal. Interrogar que passados a BN foi capaz de construir é tarefa fundamental, pois, somente assim, é possível abrir a instituição para a construção de outros passados capazes de nos fazer sonhar com futuros mais diversos e mais amplos.

Com essa grande questão atravessando o livro, Carlos Juvêncio se interroga pelos modos como a BN atuou na fabulação desse passado nacional. Aqui, eu poderia dar um segundo motivo para convencer o leitor a avançar na leitura. Isso porque o autor mostra que conhece a fundo a instituição, mobilizando seus catálogos, coleções, publicações e exposições, mostrando, inclusive, o quanto o trabalho de catalogar, expor e publicar esteve subjacente à tarefa de imaginar uma nação, seu território, os grupos que a compõem, seu patrimônio histórico e bibliográfico. Cabe ressaltar os valiosos levantamentos que Carlos Juvêncio realiza nos capítulos dedicados às nominações memória do mundo e às exposições produzidas pela Biblioteca Nacional ao longo de sua história: material que tem o mérito de abrir para outros estudos sobre as coleções e as práticas no interior dessa importante instituição.

Mas eu gostaria mesmo de convencer o leitor a ler este livro por outro motivo, que não se esgota nos materiais pesquisados ou na pertinência da questão que o atravessa. Eu diria que este livro merece ser lido por tudo isso, mas também porque é capaz de mexer com as nossas memórias de leitores e frequentadores da Biblioteca Nacional. E isso Carlos Juvêncio o faz desde as primeiras páginas, mostrando a forma como escolheu escrever sobre esse espaço: na primeira pessoa do singular, e recuperando, sem pudores, a sua relação de décadas com a Biblioteca Nacional. Com isso, o autor não só desconstrói a ideia de que uma pesquisa séria precisa da frieza do distanciamento, do uso de um "nós" que nos aparta do objeto pesquisado, como também dessacraliza a Biblioteca Nacional. O primeiro sentimento de espanto que acomete a muitos que entram naquele espaço pela primeira vez (ou às vezes nem entram: param diante de suas escadarias e somente olham, interrogando-se acerca de que lugar é aquele) cede lugar, nas páginas deste livro, ao afeto que se estabelece no cotidiano, no trabalho miúdo com suas coleções, no entendimento das lógicas da instituição, repleta de tensões como qualquer outra. Impossível ler as primeiras páginas de *A Biblioteca e a Nação* e não se lembrar de nós mesmos e da primeira vez que pisamos naquele espaço, das amizades ali construídas, das conversas nos corredores, das exposições assistidas entre uma consulta e outra, das tensões que, como leitores, travávamos com os bibliotecários da instituição, mas também do sentimento de gratidão que acabávamos tendo em relação a esses mesmos funcionários quando, pelas mãos deles, chegávamos ao tão sonhado códice ou documento capaz de nos abrir caminhos e fazer dias de pesquisa valerem a pena. Como já lembraram Iuri Lapa e Lia João,[3] dois outros estudiosos da BN, a Biblioteca Nacional não se resume à sua suntuosa memória institucional. Ela é também o que fazemos dela, o que vivemos naquele espaço, as formas como a "consumimos" como seus frequentadores, admiradores e trabalhadores.

Assim, o livro que o leitor tem em mãos é um trabalho fruto da seriedade de alguém que vem estudando a BN há anos, mobilizando, para isso, o rigor próprio de sua área de estudos, a ciência da informação. É também o trabalho de alguém que não esconde manter uma relação de afeto e proximidade com este lugar que foi tão importante para a formação de Carlos Juvêncio, e de tantas outras pessoas, como pesquisador.

Ana Paula Sampaio Caldeira

Professora adjunta da Universidade Federal de Minas Gerais.

Doutora em História pelo CPDOC/FGV (2015), mestre em História pela UFRJ (2007), licenciada e bacharel em História pela UFRJ (2004).

Belo Horizonte, 31 de outubro de 2023.

---

[3] LAPA, Iuri; JORDÃO, Lia. *A Biblioteca Nacional na crônica da cidade*. A cidade, o leitor. Rio de Janeiro: Fundação Biblioteca Nacional, 2017. p. 13.

SUMÁRIO

INCIPT: AQUI COMEÇA UMA HISTÓRIA 17

1
UMA BIBLIOTECA PARA A NAÇÃO 21

2
A MONUMENTALIDADE DO PATRIMÔNIO DOCUMENTAL 37

3
UM LEGADO PARA A HUMANIDADE: AS NOMINAÇÕES MEMÓRIA
DO MUNDO E A CONSTRUÇÃO DE UM IMAGINÁRIO SOCIAL 51

4
PARA ALÉM DOS ARCAZES: OS ANAIS E A HISTÓRIA DO BRASIL... 85

5
PARA MOSTRAR: AS EXPOSIÇÕES QUE ESCREVEM A HISTÓRIA .. 101

6
INFLEXÃO: A BIBLIOTECA NACIONAL BRASILEIRA E O SÉCULO XXI...117

REFERÊNCIAS 121

APÊNDICE A
RELAÇÃO DOS SUMÁRIOS DOS ANAIS DA BIBLIOTECA NACIONAL.. 131

INCIPT: AQUI COMEÇA UMA HISTÓRIA

Lembro de março de 2004, tinha 18 anos e havia sido contratado para transcrever um códice da então Divisão de Manuscritos da Biblioteca Nacional (BN). O local não me era estranho, afinal, tendo crescido na Glória[4], a Cinelândia[5], local onde fica a BN, era quintal da minha casa. Contudo, nunca havia entrado naquele prédio e, muito menos, lido um documento tão antigo — até hoje não entendo como o professor Geraldo Prado[6] me confiou a tarefa de transcrever documentos para a sua pesquisa, sendo que eu não tinha nenhuma experiência.

4,4,7, esse era o código do códice[7] que tinha que copiar para o professor, o documento versava sobre o cultivo de anil no Rio de Janeiro no início do século XIX, falava do Horto Botânico e da Fazenda de Santa Cruz. Durante 8 meses, me debrucei sobre aquele calhamaço e outros documentos, copiando-os em folhas avulsas e cadernos para posterior digitação no computador de casa (sim, sei que alguns leitores estranharão o fato, mas não havia a facilidade que temos hoje de fotografar e/ou digitalizar documentos, muito menos notebooks acessíveis). Na trajetória das pesquisas, ainda me aventurei nos arquivos e na biblioteca do Instituto Histórico e Geográfico Brasileiro (IHGB) e uma outra biblioteca que não me recordo o nome agora, só sei que ficava próximo ao aeroporto Santos Dumont.

Ao final da pesquisa, em setembro de 2004, fui convidado a me tornar estagiário da Divisão de Manuscritos, afinal, acabara de começar o curso de Biblioteconomia na Universidade Federal do Estado do Rio de Janeiro (Unirio). Minha missão, agora, era descrever os arquivos e coleções literárias da Divisão. Sendo a primeira delas as cartas recebidas por Lima Barreto (Nogueira, 2023) e que compunham a coleção/arquivo pessoal do escritor.

---

[4] Um dos bairros mais antigos da cidade do Rio de Janeiro hoje integra o Centro da cidade. Destaca-se no seu conjunto monumental o relógio do Glória (inaugurado em 1904), o Igreja da Imperial Irmandade de Nossa Senhora da Glória do Outeiro, cuja fundação data do século XVII e onde diversos membros da família imperial brasileira foram batizados ou casaram-se.

[5] Nome atribuído à Praça Floriano, devido ao predomínio de cinemas em boa parte do século XX.

[6] Graduado em História pela Universidade de São Paulo (USP), mestre e doutor em Ciência Sociais Aplicadas (Desenvolvimento, Agricultura e Sociedade) pela Universidade Federal Rural do Rio de Janeiro (UFRRJ). Pesquisador aposentado do Instituto Brasileiro de Informação em Ciência e Tecnologia (IBICT). Fundador da biblioteca comunitária Maria das Neves Prado, a maior do mundo, em São José do Paiaiá, Nova Soure, Bahia.

[7] "[...] livro manuscrito organizado em cadernos solidários entre si por costura e encadernação" (Faria; Pericão, 2008, p. 170).

Fiquei na Divisão de Manuscritos por dois anos, espaço no qual aprendi muito sobre a Biblioteconomia e o ser bibliotecário, mas também sobre história do Brasil. Conversei com muita gente, li muitos documentos, ajudei em inúmeras pesquisas e de tudo fiz um pouco naquele espaço tão acolhedor e que ainda hoje reconheço como minha casa naquele palácio.

Em janeiro de 2006, fui contratado para um projeto de inventário dos discos da Divisão de Música e Arquivo Sonoro, onde permaneci por mais dois anos. Nesse espaço, pude lidar com um acervo desafiador, afinal, catalogar discos não é uma tarefa nada fácil, mas foi muito prazeroso! Também trabalhei no Prédio Anexo da BN, situado na região portuária da cidade, onde hoje está a entrada do túnel Marcelo Alencar (sentido Zona Sul). Lá, pude perceber mais nitidamente o quão a instituição sofre com a ignorância do Estado para com seus acervos, um prédio que desde a década de 1980 pertencia à instituição, mas que não apresentava o básico para a conservação de acervos e, muito menos, para que ali pessoas trabalhassem de forma adequada. O local, naquela época insalubre, foi um desafio, chegar era difícil, trabalhar mais ainda e o entorno era perigoso, foram quatro meses de muita poeira, mas de novas experiências.

Findo o projeto, fui contratado como terceirizado pela Divisão de Periódicos para trabalhar com a inserção de jornais correntes na base de dados e inventariar as coleções mais antigas. Um novo suporte, novos aprendizados e mais choques de realidade sobre a Nacional, afinal, de nosso país continental recebia míseros 124 títulos de jornais, a maioria esmagadora do Rio de Janeiro e São Paulo, lá, onde permaneci por mais dois anos, me perguntei pela primeira vez: que nacional essa biblioteca representa?

Ao todo, fiquei 6 anos na Biblioteca Nacional, conheci muita gente e muito daquele lugar, mas optei por sair, não por não gostar da instituição, mas, sim, por buscar novos ares e a realização do sonho da docência, mas, antes disso, ainda escrevi meu TCC sobre uma das coleções de manuscritos: a *Coleção Ernesto Senna* (Juvêncio, 2008).

Fui para Brasília e lá cursei o mestrado e o doutorado com foco na gestão de Manoel Cícero Peregrino da Silva na instituição. De fato, o primeiro projeto versava sobre a memória institucional presente nos Anais da Biblioteca Nacional, mas os caminhos da pesquisa, sempre tortuosos, me levaram à algumas descobertas e à mudança do objeto de pesquisa, fato do qual não me arrependo! Me debruçando sobre a gestão de Manoel Cícero Peregrino da Silva, pude aprender mais ainda sobre a instituição e me aventurar em novos rumos acadêmicos. Se com a Coleção Ernesto Senna me dediquei aos estudos do colecionismo e da memória social, com a dissertação e tese pude explorar a BN como o laboratório da inserção do pensamento documentalista belga no Brasil no início do século XX, desbravar a gênese de um campo inteiro de conhecimento a partir de sua institucionalização.

Hoje, 2024, acumulo 20 anos de pesquisa sobre e na Nacional, para efeito de comparação: é mais da metade da minha vida. Logo, este livro surge das indagações e inquietações que me seguem nesses anos de pesquisa, não que eu tenha as respostas, mas, sim, algumas coisas a dizer sobre a instituição que tanto me ensinou e moldou meu modo de pensar a história, a memória, a Bibliografia, a Documentação e a própria Biblioteconomia. Espero que gostem e aproveitem!

1

UMA BIBLIOTECA PARA A NAÇÃO

A atual Biblioteca Nacional brasileira foi fundada em 29 de outubro de 1810 (Brasil, 1891) como Real Biblioteca, no Rio de Janeiro, pelo então regente português D. João VI[8], sendo uma das consequências da chegada da família real e de sua Corte ao Brasil buscando refúgio da invasão francesa ao território lusitano. De fato, essa data é a de fundação em solo brasileiro, entretanto a Real Biblioteca tem sua história iniciada em 1755, quando um terremoto, seguido de um maremoto, devastou Lisboa e causou a perda de toda a antiga coleção real portuguesa.

Em um cenário de devastação da capital do império português, houve enorme esforço para a reconstrução da Real Biblioteca, uma vez que, como afirmam Schwarcz, Costa e Azevedo (2002), um rei não poderia governar sem uma biblioteca.

As bibliotecas reais são aquelas que conservam as coleções dos monarcas, mesmo em um cenário em que as guerras predominavam e os conflitos eram recorrentes, os livros serviam de alegoria do poderio de reis, príncipes e famílias reais de toda a Europa[9]. O livro, como um objeto caro, evidenciava o poder financeiro das diferentes cortes.

Mas há também o poder erudito, é claro, quanto maior e mais dotada de itens preciosos, mais destaque ganhava a biblioteca e mais despertava o interesse de seus algozes. Se, por um lado, a biblioteca era um polo de atração intelectual, reunindo estudiosos das mais variadas partes do mundo, ilustrando a figura de um monarca mecenas da produção intelectual, por outro, em um contexto de constante movimentação de fronteiras, guerras e conflitos, as bibliotecas eram alvos constantes de saques, depredações e destruição, afinal, arrasar uma biblioteca desmantelava o poder simbólico de seu tutor, mas também destituía aquela população de sua memória e identidade. A biblioteca sempre foi um monumento à intelectualidade humana.

---

[8] Rei de Portugal, nasceu em 1767, faleceu em 1826. Foi o responsável, enquanto príncipe regente, pelo translado da família imperial e corte portuguesa para o Brasil em 1807 (Schwarcz; Costa; Azevedo, 2002).

[9] Infelizmente, esta obra centra-se na produção livreira do ocidente, tendo a Europa como ponto de partida.

A história de Alexandria, Pérgamo e tantas outras evidencia que as bibliotecas são sempre alvo nas disputas de poder e, sobretudo, nas disputas por aquilo que nos acostumamos a chamar de narrativas. Mesmo hoje, seja com a Biblioteca de Sarajevo, Bagdá ou a ação do Estado Islâmico, vemos que a destruição dos registros do conhecimento humano ainda permanece na ordem do dia (Barbier, 2018).

Logo, as bibliotecas reais eram prova do poderio e do mecenato oferecido pelos reis e príncipes aos intelectuais, as obras ali presentes eram prova física do desenvolvimento experimentado pela erudição naquela região (Chartier, 2008).

Com o advento da prensa móvel de Gutenberg, tal cenário permanece e é incrementado pela questão do privilégio[10], uma espécie de depósito legal ancestral, na qual o editor obtinha autorização real para imprimir naquela localidade e, em troca, em um jogo simbólico, dedicava a obra ao monarca, fazendo ela figurar em sua real coleção (Chartier, 2008). Uma troca simbólica porque para o monarca era vantajoso ter mais livros em suas coleções, já para o autor e/ou impressor da obra era motivo de orgulho ter uma obra na biblioteca real.

O privilégio também era uma forma de controle sobre as publicações, sendo concedido somente àquelas que não atentassem contra os dogmas em vigor e à figura do monarca ou demais autoridades.

Mas, com o passar dos anos, as transformações sociais, políticas e científicas impuseram uma modificação a essas coleções. No século XVIII, com as agitações da Revolução Francesa, as monarquias europeias são destituídas de seu poder, criando-se a concepção de Estado Moderno e a separação de poderes. As antigas bibliotecas reais, pouco a pouco, são transmutadas, em sua maioria, em bibliotecas nacionais, dado o seu poder de representar a produção intelectual de uma nação e a atribuição de um caráter público a suas coleções em contraposição ao caráter privado das reais. Assim:

> [...] Do modelo dos príncipes humanistas italianos àquele dos soberanos absolutistas, a biblioteca se mantém como uma função política: ela demonstra a riqueza de seu proprietário, de sua distinção como príncipe das letras e das musas, de sua atenção em basear na tradição escrita a modernização de seus Estados, e de seu interesse pelo público, ao qual dará

---

[10] "Autorização concedida pelo rei a um autor, tradutor, editor ou impressor. Direito de exclusividade para publicar e comercializar uma obra, durante tempo previamente estabelecido" (Pinheiro; Von Helde; Pereira, 2023, p. 204).

acesso a seus livros mais ou menos liberalmente. A biblioteca, da qual é preciso não subestimar o valor comercial, articula portanto sistematicamente a constituição e o enriquecimento da coleção com a glória do príncipe e com a racionalidade da ação pública (Barbier, 2018, p. 242).

Logo, preserva-se o seu caráter de símbolo, mas, agora, travestido na representação não mais do poderio de uma pessoa, mas, sim, de uma nação inteira. A musa — uma alegoria da deusa grega da memória Mnemosyne, mãe das nove musas —, custodiadora da memória, transforma-se agora na nação, sendo a responsável por preservar a história e identidade de um povo.

As bibliotecas nacionais são, portanto, herdeiras da tradição das bibliotecas reais, mas com um caráter mais amplo, visando a construção de uma identidade nacional e ancoragem da produção intelectual de uma nação em um único espaço institucionalizado e custodiada pelo Estado, servindo de subsídio à afirmação identitária, ao mesmo tempo em que preserva a memória e a história.

Sendo assim, seria necessário ao Reino Português reerguer a sua biblioteca e restabelecer a sua coleção o mais rapidamente possível. Para tanto, os esforços foram liderados pelo Marquês de Pombal[11], que apelou ao sentimento de devoção ao império português e ao panorama geral de reconstrução para que figuras proeminentes doassem suas coleções bibliográficas e documentais para a reconstrução da instituição. Curioso observar que, por conta da urgência, o crivo censório não foi baliza para a formação da coleção e ela contou com várias obras expurgadas pelo *Index Librorum Prohibitorum*[12].

O empenho lusitano na reconstrução da Real Biblioteca é curioso, tendo em vista que em suas colônias era proibida a existência de tal instituição, bem como a circulação de livros — apenas obras religiosas e com finalidade de educar e catequizar as populações indígenas, sobretudo as jesuíticas, eram

---

[11] Sebastião José de Carvalho e Melo, o Marquês de Pombal (1699-1782), "[...] Quando um terremoto devastador destruiu Lisboa em 1755, Pombal organizou as forças de auxílio e planejou a reconstrução da cidade. Foi nomeado primeiro-ministro nesse mesmo ano. A partir de 1756, seu poder foi quase absoluto e realizou um programa político adaptado a partir dos princípios iluministas, criando as raízes da ilustração portuguesa. Aboliu a escravidão na metrópole, reorganizou o sistema educacional, elaborou um novo código penal, estimulou o assentamento de colonos nos domínios ultramarinos e fundou a Companhia das Índias Orientais. Reorganizou o Exército e fortaleceu a Marinha portuguesa, desenvolveu a agricultura, o comércio e as finanças. Suas reformas, no entanto, suscitaram grande oposição, em particular da aristocracia e de grupos religiosos" (Biblioteca Nacional, c2021, s/p).

[12] O Índice de Livros Proibidos, em tradução livre, era uma espécie de bibliografia editada pela Igreja Católica e que arrolava as obras por ela proibida. Teve sua primeira edição em 1558 e a última em 1948, tendo ao todo, 32 edições. Somente em 1966 foi retirada oficialmente da convenção Vaticana (Altman, 2010).

permitidas. Também era proibido a estabelecimento de tipografias ou a existência de maquinário para impressão, como consequência, não existia imprensa ou comércio livreiro autorizado nas colônias ultramarinas[13].

A justificativa para tais determinações era de que os livros carregavam ideias perigosas e poderiam fomentar motins e revoltas nas colônias além-mar. Também há forte influência da doutrina católica e sua cruzada anti-ciência que povoava a política do império. De fato, a maior parte das obras impressas em Portugal eram de cunho religioso. Os portugueses, que tiveram a vanguarda na navegação mundial durante séculos, foram muito afetados pela influência da Igreja nas decisões do Estado, o que causou severos danos à sua cultura intelectual e ao seu desenvolvimento tecnológico justamente quando a Europa inaugurava o Renascimento (Schwartzman, 2001). O reino português, portanto, ficou cada vez mais distante de seus antigos rivais espanhóis, britânicos e holandeses.

A proibição de livros e de oficinas tipográficas nas colônias redunda, portanto, do receio português de que as obras propagassem ideias contrárias a doutrina professada e colocassem em xeque o papel da Metrópole ante suas colônias. Um exemplo claro é o temor de que obras iluministas, que fomentaram a Revolução Francesa, as influenciassem em sua busca pela emancipação.

O cenário de censura total vigorou, no Brasil, por 308 anos, modificando-se com a chegada da Família Real e sua Corte em solo brasileiro em 1808 e a fundação da Impressa Régia no mesmo ano, o primeiro órgão autorizado a produzir e imprimir livros e publicações seriadas na ex-Colônia, elevada, àquela altura, a Reino Unido.

Mas e a Real Biblioteca? Eleita como um dos itens a serem transpostos para o Rio de Janeiro, no atropelo dos acontecimentos que culminaram com a fuga da realeza portuguesa para o Brasil, ela foi esquecida encaixotada no porto lisboeta, cabendo ao bibliotecário responsável, Joaquim Marrocos, cuidar das obras e salvaguardá-las dos saques franceses que assolavam o território lusitano[14].

Somente em 1809 a Biblioteca foi embarcada pelo bibliotecário para o Brasil, sendo recebida e acomodada no Hospital da Ordem Terceira do

---

[13] Segunda Bragança (2009), outra perspectiva sobre a situação pode se dar pela ausência de um mercado consumir, uma vez que a população brasileira era escassa e composta, majoritariamente, por pessoas analfabetas.

[14] Para saber mais, consultar Schwarcz; Costa; Azevedo (2002).

Carmo, no Rio de Janeiro, próximo ao Paço Imperial onde a Família Real se alojou inicialmente.

De fato, a mudança da Família Real e de sua Corte para o Brasil fomenta uma questão latente: quando de seu retorno à Portugal, qual será o status da nova sede do Reino? Ser Reino Unido era significativo, mas conseguiria transpor a barreira imposta pelo Atlântico? Era notório que o retorno da capital administrativa do Império português à Lisboa significaria um retrocesso para o Brasil. Com esses questionamentos, cresce o movimento pró-independência no país e ele ganha um adepto de peso quando o Príncipe Regente Pedro[15], contrariando ordens de seu pai, o Rei D. João VI, que havia retornado à Portugal em 1821, recusa-se a regressar à Metrópole em janeiro de 1822 — episódio que é conhecido na historiografia brasileira como "Dia do Fico".

Com o apoio dentro da Família Real Portuguesa foi inevitável que a Independência brasileira fosse alcançada. Em 7 de setembro de 1822, o próprio Pedro a declara em um episódio conhecido como "Grito do Ipiranga", quando o então príncipe proclama: "Independência ou Morte", tornando-se, meses depois, D. Pedro I, o primeiro imperador do Brasil.

A reboque do simbolismo do mito fundador nacional, o segundo momento da Independência é a busca junto à Portugal dos termos para o reconhecimento da autonomia brasileira. De fato, a admissão portuguesa da independência brasileira aceleraria o reconhecimento internacional do novo país. As negociações redundam em um pedido de indenização por Portugal ao Brasil pela estrutura montada e legada para o país, incluindo aí a Real Biblioteca.

É curioso observar que a instituição, a mesma que atravessou o Atlântico para ser instalada no Rio de Janeiro, com o retorno da Corte e da Família Real à Portugal em 1821, não foi de imediato transferida para lá. D. João VI leva consigo Manuscritos relativos a finanças do Reino e, no ano seguinte, o bibliotecário responsável pela biblioteca, Joaquim Dâmaso, não partidário da independência do país, retorna à Lisboa e leva junto cerca de 5 mil códices. Mas a maior parte do acervo permanece em solo brasileiro e será alvo de intensas negociações entre a ex-Colônia e a ex-Metrópole.

---

[15] Pedro I (nascido em 12 de outubro de 1798, em Lisboa, e falecido em 24 de setembro de 1834, em Lisboa), fundador do império brasileiro e primeiro imperador do Brasil, de 1º de dezembro de 1822 a 7 de abril de 1831, também reconhecido como rei Pedro IV de Portugal (Enciclopaedia Britannica, 2023).

> Segundo item de uma agenda pesada de aquisições, nossa Real Livraria custara caro, mas simbolizava muito. Era a independência que se fazia portando tradição, ou era os livros que carregavam eles próprios sinais de independência cultural e intelectual? Palco para queixas e reclamações, a Biblioteca oscilou em sua representação. Para dentro – e para uso interno –, era um poço de lamúrias: faltavam funcionários, livros, condições e até leitores. Para fora, porém, era sempre um trunfo; um cartão-postal que conferia "longevidade", dava história e reconhecia a continuidade para este país que vivia seus momentos inaugurais (Schwarcz; Azevedo; Costa, 2002, p. 418).

As bibliotecas reais, como já vimos, são repletas de simbolismos e significados, elas representam a cultura e erudição de um povo, nascem dos anseios de ilustração dos monarcas, seja no sentido intelectual, seja no sentido simbólico. O livro carrega consigo a aura da autoridade, tê-lo confere status, ares de sabedoria e erudição. Quanto maior a biblioteca, maior o capital simbólico que é acumulado ao redor de seu dono. A um país recém-emancipado, como o Brasil, possuir tamanho volumes de livros e demais documentos (estimava-se em cerca de 80 mil itens) era essencial para a construção do imaginário simbólico do novo império.

Um império que, talvez, buscasse se distanciar da herança censória portuguesa que retardou, e muito, o desenvolvimento de uma cidade das letras no Brasil. Mas o caráter simbólico do livro move os dirigentes do Brasil independente a negociar a permanência em solo brasileiro da Biblioteca Real e seu acervo.

Fato é que o conteúdo das obras pouco relevo tem na avaliação dos itens, Dâmaso, o bibliotecário já repatriado à Lisboa, é o responsável pela avaliação deste:

> A Biblioteca de Sua Majestade, existente no Rio de Janeiro, consta de 80 mil volumes impressos e apenas lá não ficaram os Manuscritos que devem existir no Real Tesouro em Lisboa, contudo, lá se tinham adquirido alguns centos e tantos inestimáveis entre os quais há cartas dos jesuítas Anchieta e Nóbrega e de outros, e todos originais e preciosidades a que quiser saber ou escrever da descoberta e colonização da Terra de Santa Cruz, outros tantos inestimáveis [...] e ainda autógrafos do marquês de Pombal, a flora de Veloso em 16 tomos (Dâmaso, [1824] *apud* Schwarcz; Azevedo; Costa, 2002, p. 395).

A quem pertenceu é a característica mais destacada pelo bibliotecário, contudo, ele corrobora, mesmo sem ser sua intenção, de que aquelas obras narram a história do país, justificando sua compra pelo Império brasileiro. Uma história narrada pelo livro, portador da história e identidade de um povo.

Assim, mesmo em meio a um cenário desfavorável, onde o Brasil possui uma população majoritariamente analfabeta, a compra da Real Biblioteca representa o peso que os livros carregam, forjando uma identidade ancestral e fabricando um ambiente de ilustração intelectual na nova Corte. Barbier (2018, p. 310) observa que:

> [...] o estabelecimento de uma nova relação entre metrópole e colônia: enquanto as tropas de Junot entram em Portugal e se aproximam de Lisboa, a corte real embarca (29 de novembro de 1807) para o Rio de Janeiro. A colônia é promovida subitamente ao nível de metrópole, e a relação de forças se inverte ainda mais rapidamente porque as relações estão praticamente rompidas com Portugal ocupado. Rio de Janeiro começa a se desenvolver conforme o modelo de uma cidade ocidental, com o palácio real, a administração central e um determinado número de fundações novas, dentre as quais a primeira imprensa brasileira (1808), o primeiro periódico (a Gazeta do Rio de Janeiro) e a Biblioteca Real, transportada da Europa e instalada no antigo Hospital da Ordem do Carmo (1810). O acervo é enriquecido pela chegada de uma segunda remessa de livros de Lisboa, a nova instituição se abre para o público (1811), enquanto são efetuadas compras, dentre as quais as coleções de Manuel Ignácio Silva Alvarenga (1815) e do Conde da Barca (1819). A mudança é institucionalizada em 1815, quando o Brasil se torna um reino no âmbito do Reino Unido de Portugal, Algarve e Brasil; em 1818, dá-se a coroação do novo rei, dom João, que só retornará a Portugal em 1821. Em 1822 finalmente, dom Pedro, filho do rei e regente, proclama a independência, e é coroado imperador. A negociação é iniciada, a propósito das compensações eventualmente devidas à metrópole: a biblioteca se inscreve como um dos primeiros itens pelos quais a jovem nação vai pagar, com um valor de $800000 (praticamente 250 mil libras esterlinas).

Obviamente, a estrutura oferecida à Biblioteca não se altera, mesmo com a Independência, de significativo, só a mudança de nome, já que em 1824 ela deixa de ser Real Biblioteca e passa a se chamar Biblioteca Imperial e Pública da Corte, evidenciando o seu novo caráter, mais amplo, servindo, além da realeza, à parte abastada da população (Brasil, 1877).

Outro dado marcante do período é a ordem do Imperador, ainda em 1824, para que os impressores da Corte, o Rio de Janeiro, remetessem à Biblioteca um exemplar das obras por eles publicadas (Brasil, [2018]). Mesmo de alcance restrito, já que se restringia apenas a publicações da atual cidade do Rio de Janeiro, essa é a primeira Lei de Depósito Legal efetivada no Brasil. Seu objetivo era aumentar a Coleção Imperial, mas também garantir a preservação da memória do recém-criado país, preservando livros de seus cidadãos e sobre sua história.

Figura 1 – Prédio da Biblioteca Imperial e Pública da Corte

Fonte: Ferreira (1902)

A Biblioteca Imperial e Pública da Corte atravessa o século XIX ainda privada de um espaço digno, só em 1858 seu acervo sairá do Hospital da Ordem Terceira do Carmo e passará a ocupar um prédio à Rua do Passeio (Figura 1). Um espaço maior, sem dúvidas, porém que não fora planejado para ser uma biblioteca, exigindo algumas reformas e precauções de seus dirigentes para que pudesse acomodar o já reconhecido precioso acervo e atender o seu público (Brasil, [2018]). É somente na década de 1870 que a Biblioteca passará por profundas transformações.

Juvêncio (2016) desenha o Quadro 1, no qual podemos notar que até na gestão de Ramiz Galvão, iniciada em 1870, há o predomínio de religiosos na direção da instituição. Podemos inferir, portanto, que é bem provável que os ditames aplicados à instituição seguissem o modelo clerical.

Quadro 1 – Diretores da Biblioteca Nacional entre 1810 e 1924

NOMES	PROFISSÃO	PERÍODO NO CARGO[16]
Frei Gregório José Viegas (1753-1840)	Religioso	1810-1921
Padre Joaquim Dâmaso (1777-1833)	Religioso	1810-1822
Luís Joaquim dos Santos Marrocos (1781-1838)	Bibliotecário	1824-1838
Frei Antônio de Arrábida (1771-1850)	Religioso	1822-1831
Padre Felisberto Antônio Pereira Delgado (1774-?)	Religioso	1831-1833
Cônego Francisco Vieira Goulart (?)	Religioso	1833-1839
Cônego Antônio Fernandes da Silveira (1795-1862)	Religioso	1837-1839

---

[16] Vale ressaltar que até a gestão do Cônego Antônio Fernandes da Silveira era permitida a gestão compartilhada da Biblioteca e, justamente por isso, algumas datas se sobrepõem.

Cônego Januário da Cunha Barbosa (1780-1846)	Religioso	1839-1846
José de Assis Alves Branco Moniz Barreto (1819-1853)	Médico	1846-1853
Frei Camilo de Monserrate (1818-1870)	Religioso	1853-1870
Benjamin Franklin Ramiz Galvão (1846-1938)	Médico	1870-1882

Fonte: Juvêncio (2016, p. 137-138)

Desse modo, é na gestão de Ramiz Galvão que a Biblioteca sofrerá sua primeira grande reforma. Fruto de estudos bastante profundos do então diretor, a reforma implementada se inspira no que ele havia observado de moderno nas congêneres europeias da instituição por ocasião de sua viagem de pouco mais de um ano ao velho continente (1873-1874) (Caldeira, 2017a). Lá ele pode conhecer e observar o funcionamento de diversas bibliotecas, buscando aprender e empreender, quando de seu retorno ao Brasil, tais inovações.

De fato, ao chegarmos na década de 1870 nos deparamos com embates políticos fervorosos entre monarquistas e republicanos, até mesmo o campo historiográfico brasileiro é afetado.

O Brasil que tentava se afirmar como uma Nação, buscar sua identidade, um esforço que há muito vinha sendo realizado[17]. A Biblioteca, então, coloca-se à serviço da recuperação documental da história da Nação, ela envia ou contrata pessoas no exterior para copiar documentos que fossem relevantes para a história do país (Caldeira, 2017b). É realizado um verdadeiro inventário sobre o Brasil nos arquivos, bibliotecas e museus europeus, sendo tais cópias enviadas para enriquecer o acervo da Biblioteca.

O ano de 1876 é exemplar nesse sentido, pois é nesse ano que a Biblioteca Imperial e Pública da Corte passa a se chamar Biblioteca Nacional (Biblioteca Nacional, [2018]), evidenciando, assim, um novo compromisso, mais amplo, ligando-se aos movimentos nacionalistas que agitam a Europa. Aqui, a disputa

---

[17] O Instituto Histórico e Geográfico Brasileiro (IHGB), fundado em 1838 sob os auspícios de D. Pedro II, buscava escrever a história nacional por meio da pesquisa e compilação de fontes. As bibliotecas, os arquivos e os museus eram os locais aos quais os historiadores recorriam em busca dos documentos que comprovassem suas hipóteses ou que lançassem luz sobre os fatos passados do país.

pela escrita e definição do Nacional e da Nação envolvem diferentes atores políticos: de um lado, os monarquistas, defensores do governo de D. Pedro II[18] e da continuidade de seu império e legado. O Imperador, inclusive, é lembrado como um homem ilustrado, grande mecenas das artes e ciência nacionais. Uma das primeiras pessoas no mundo a falar ao telefone ou a tirar uma fotografia.

Contudo, em seu próprio país, não existiam universidades e as faculdades eram raríssimas (Schwartzman, 2001), e o Movimento Republicano buscava uma mudança que considerava necessária, o rompimento definitivo com a herança portuguesa que o Segundo Império representava. Mesmo D. Pedro II sendo brasileiro, seu pai era português e sua ascendência era lusitana, o que na visão Republicana, perpetuava o papel marginal do Brasil no concerto das Nações[19], o papel de eterna Colônia Portuguesa.

É no impresso, sejam livros ou periódicos, que os manifestos de um lado e do outro são lançados. E é no campo simbólico que a disputa também se faz, buscando forjar um Brasil ancestral e encontrar, enfim, a expressão do brasileiro, tão cara ao período do Romântico na literatura brasileira.

Assim, a Biblioteca Nacional lança, também em 1876, seus Anais. A publicação traz em seu escopo o acervo da Nacional, mas também a divulgação de fontes para a escrita da história do país, publicando a transcrição de documentos manuscritos e fazendo resenhas das obras presentes no acervo. Afinal, a escrita da história da Nação se apoiava na memória nacional, nos grandes feitos e personagens do passado.

---

[18] Pedro II, nome original Dom Pedro de Alcântara, (nascido em 2 de dezembro de 1825, no Rio de Janeiro, Brasil, e falecido em 5 de dezembro de 1891, em Paris, França), segundo e último imperador do Brasil (1831-89), cujo reinado benevolente e popular durou quase 50 anos (Britannica, 2020).

[19] Termo cunhado por Aristides Lobo (Carvalho, 1987).

Figura 2 – Folha de rosto do volume 1 dos Anais da Biblioteca Nacional

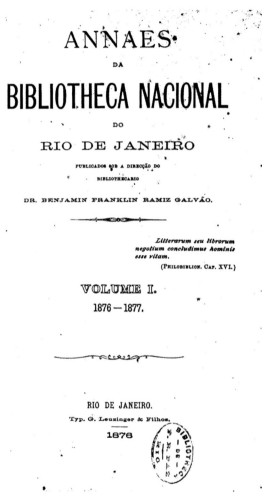

Fonte: Anais da Biblioteca Nacional (1876)

    A República é proclamada em 15 de novembro de 1889, apenas um ano após a Abolição da Escravatura. Mais do que nunca, o campo simbólico da memória nacional aparece na disputa, os republicanos, vencedores, agora buscavam reinventar as tradições e heranças brasileiras, afastar o Brasil, que se pretendia moderno, do Brasil colônia portuguesa.

    Os heróis nacionais, os símbolos e celebrações são ressignificados e a Biblioteca participa dessa efervescência. Em um primeiro momento, ela é quem vai fornecer acesso aos documentos que permitirão ao país ganhar vários litígios relativos às suas fronteiras nos primeiros anos do século XX, afinal, o documento é a prova (Juvêncio; Rodrigues, 2013).

Sob a direção de Manoel Cícero Peregrino da Silva, a Biblioteca Nacional brasileira passa pela maior transformação em sua história em solo brasileiro com o planejamento e inauguração de um novo prédio (Figura 3), em 1910, marco de uma nova etapa para o país e para a instituição (Juvêncio, 2016).

Figura 3 – Novo prédio da Biblioteca Nacional

Fonte: Ferrez ([1910?])

A reboque do moderno que a República desejava representar, várias intervenções urbanas começam a ser realizadas no Rio de Janeiro, então capital do país. Seu centro histórico, construído desde os primeiros anos da ocupação colonial, é posto abaixo para que modernos edifícios, inspirados pelo neoclássico e o *Art-Nouveau* francês, dessem à capital tropical um ar parisiense.

A *gens de letters* agora tinha seu espaço na Academia Brasileira de Letras, nos salões das luxuosas cafeterias e na Biblioteca Nacional, com seu novo e pomposo prédio, situado à Avenida Central, ícone da modernidade que a República desejava. Para além disso, a instituição moderniza a Lei de Depósito Legal, agora com abrangência nacional, adere às várias iniciativas de cunho internacionalista no ramo da Biblioteconomia e da Documentação, serve de núcleo de debate e estudos das ciências modernas por meio de uma série de conferências — como o país ainda não contava com universidades, a Biblioteca ocupava tal espaço no círculo de produção científica.

O nacional nunca esteve tão em voga!

O moderno perpassava, inclusive, as técnicas de organizar e tratar seu acervo, com a adoção pioneira no Brasil aos preceitos documentalistas de Paul Otlet e Henri La Fontaine. Ademais, funda-se um curso de Biblioteconomia, em 1911, a fim de formar pessoal apto a lidar com a diversidade documental do acervo da instituição, tratando-o da melhor forma para que seu acesso seja permitido universalmente[20].

O palácio é a casa da memória nacional, como afirma seu diretor em 1910 (Silva, 1913), responsável por custodiar e zelar pelo acervo nacional e colocá-lo a serviço da Nação, oferecendo acesso aos mais variados tipos de fontes documentais. Até mesmo a recuperação de documentos relativos ao Brasil no exterior ganha novo fôlego, a Biblioteca, novamente, contrata ou envia pessoas a diversos países para lá pesquisarem documentos relativos à história do país.

Assim, a instituição alcança uma compreensão ampla de seu papel simbólico, mas também de sua missão de preservar e difundir o conhecimento sobre e do Brasil, a Bibliografia Brasileira, portanto, surge pela primeira vez, em 1918, visando inventariar o status da construção intelectual nacional. Em 1880, Ramiz Galvão já havia criado uma fonte sobre a história do país com a edição do Catálogo da Exposição de História do Brasil, uma espécie de guia documental retrospectivo sobre o país. Mas, agora, o inventário era sobre o que se produzia naquele momento, naquele contexto.

O restante do século XX é marcado pela perda de algumas funções com a criação do Instituto Nacional do Livro (INL) e, em parte, pelo ostracismo que o descaso estatal impôs às várias instituições de memória, mas sua missão de salvaguarda da memória nacional nunca foi deixada de lado.

Assim, a incorporação constante de acervos e sua diversidade redundam em um fenômeno interessante. Ao preservar a memória nacional, a BN acaba por preservar uma memória coletiva do mundo, logo, vários desses

---

[20] Para saber mais, recomendamos a leitura de: Gaudie Ley e Juvêncio (2020).

A BIBLIOTECA E A NAÇÃO: ENTRE CATÁLOGOS, EXPOSIÇÕES, DOCUMENTOS E MEMÓRIA

conjuntos documentais passaram a buscar reconhecimento internacional pela chancela da Unesco de Memória do Mundo[21]. Diversos acervos da instituição foram reconhecidos por essa chancela, o que oferece subsídio à sua representação do nacional e de preservação de um legado relevante à memória e à história não só do país, mas do mundo.

A instituição, ainda, tem por prática a elaboração de exposições; o próprio Catálogo de Exposição da História do Brasil é fruto de uma dessas. Seja em homenagem a nomes considerados de relevo da história nacional, seja pela passagem de efemérides nacionais, a Biblioteca expõe o seu acervo. Podemos apontar a participação da BN, por exemplo, nas comemorações do centenário da Abertura dos Portos (1808), no centenário da Independência (1922), no Brasil 500 anos (2000), no bicentenário da chegada da Família Real ao Brasil (2008), no bicentenário de sua fundação em solo brasileiro (2010).

Sendo assim, nosso intuito com esta obra é observar como a biblioteca ajuda na construção do imaginário social brasileiro por meio: a) dos acervos incorporados ao longo de 200 anos de história e que foram nominados memória do mundo; d) dos Anais da Biblioteca Nacional (1876 – atual), seja inventariando seu acervo, elaborando bibliografias, publicando seus relatórios institucionais; c) os Catálogos das exposições realizadas pela instituição e que auxiliaram na construção do ideário nacional, aquelas atreladas a grandes comemorações e nomes de relevo para a história do país.

Esta pesquisa é fruto de projeto contemplado no edital 34 da Fundação Carlos Chagas Filho de Amparo à Pesquisa no Estado do Rio de Janeiro (Faperj) em parceria com a Fundação Biblioteca Nacional (FBN), no ano de 2021, cujo objetivo era "Apoio a Projetos no Âmbito do Bicentenário da Independência do Brasil".

Por fim, esperamos que o livro, em um primeiro momento, ajude a compreender que a instituição biblioteca não é apenas uma fonte de informação, mas uma partícipe ativa na construção de narrativas no bojo da memória nacional, compreendendo o papel das bibliotecas nacionais, sobretudo a brasileira e evidenciando sua relevância no cenário histórico-bibliográfico

---

[21] A visão do Programa Memória do Mundo é de que toda a herança documental do mundo pertence a todos, devendo ser completamente preservada e protegida por todos e, com o devido reconhecimento dos costumes e práticas culturais, estar permanentemente acessível a todos sem obstáculos. A missão do Programa Memória do Mundo é: "[...] facilitar a preservação, com as técnicas mais apropriadas, da herança documental do mundo; [...] facilitar o acesso universal ao patrimônio documental; [...] aumentar em todo o mundo a consciência da existência e importância do patrimônio documental" (Organização das Nações Unidas Para Educação, Ciência e Cultura, 2021c, s/p., tradução nossa).

e simbólico. Inserindo-se, portanto, no rol das pesquisas sobre história das bibliotecas, mas sem negligenciar o seu agenciamento político e simbólico, campo caro à história, sobretudo, à história cultural.

2

A MONUMENTALIDADE DO PATRIMÔNIO DOCUMENTAL

A construção de um patrimônio pelo país perpassa vários aspectos, mas ao que concerne às bibliotecas, a história é antiga e remonta a muitos séculos.

De fato, é impossível não citar Alexandria e a sua missão hercúlea de possuir todo o conhecimento registrado pela humanidade em suas prateleiras, afinal, desde aquele momento, informação é poder, inclusive simbólico. Com a Biblioteca Nacional brasileira não foi diferente, fruto da Real Biblioteca portuguesa, ela germina a partir da tradição das bibliotecas reais e se desenvolve, mesmo após o terremoto de Lisboa, com vistas a enaltecer o reino português e seus governantes.

Mas é traço marcante dessas instituições serem fechadas ao público, sendo o acesso permitido apenas ao monarca e à sua corte, com exceção àqueles que conseguissem uma autorização especial para consulta. É só com a Revolução Francesa, em 1789, que tal característica começa a se modificar, sobretudo a partir das mudanças implementadas com vistas à criação da noção de Nação e instituições estatais, o início da construção de um ideal de cidadão.

Se monarquias caíram com a Revolução, as bibliotecas reais se mantiveram, contudo, sob outras diretrizes e voltadas a uma nova ideologia: o nacional. Surge, assim, a primeira concepção moderna de bibliotecas nacionais voltadas à preservação da memória nacional e franqueadas aos cidadãos reconhecidos pelo Estado.

Mas como desenvolver tais coleções? O depósito legal seria a solução... Não que ele fosse novidade, mas é com a criação do Estado moderno e a gênese do Estado-Nacional que a formação de uma memória nacional ganha força, sobretudo com a edificação de monumentos. E, novamente, o livro ganha um ar simbólico ao pertencer à coleção nacional, à memória bibliográfica de uma nação, um monumento à intelectualidade de cada Estado-Nação e um legado às futuras gerações.

Pierre Nora (1993) discorre sobre como os lugares de memória crescem de importância, à medida que nossa memória biológica não dá mais conta de guardar a completude dos fatos, à medida que as sociedades orais perecem à burocracia do papel como elemento de prova, ao ritual dos patrimônios de pedra e cal, ainda mais àqueles que todo cidadão deveria decorar e render homenagens, sejam nas datas célebres, nos heróis nacionais, nos monumentos e edifícios que evocam o passado. Bergson (2006) alertava no início do século XX que a memória não é uma coisa, não é um sujeito, mas que ela consiste na relação estabelecida entre sujeitos e coisas, sujeitos e sujeitos, coisas e coisas. Ou seja, é no constante rememorar que se marca a memória e a traz à tona. Nesse sentido, as coleções nacionais mantêm uma relação entre si que remetem ao Estado-Nacional, construindo e constituindo uma narrativa que oferece ao cidadão a oportunidade de se reconhecer como parte daquela memória ancestral, de render homenagens ao passado e projetar um futuro.

Mas, retomando às bibliotecas nacionais, sua missão estava agora atrelada à preservar a memória intelectual (ou ao menos bibliográfica) da nação. A formar uma coleção[22] nacional que salvaguardasse os registros documentais da nação. Assim imaginasse a noção de patrimônio documental.

De início, cumpre-nos observar que patrimônio alude à herança, a um legado, ou seja, é aquilo que é herdado. Contudo, Desvallées e Mairesse (2013, p. 75) observam que:

> O conceito de patrimônio se distingue do de herança na medida em que os dois termos repousam sobre temporalidades sensivelmente diferentes: enquanto a herança se define logo após uma morte ou ao momento da transmissão intergeracional, o patrimônio designa o conjunto de bens herdados dos ascendentes ou reunidos e conservados para serem transmitidos aos descendentes. De certa maneira, o patrimônio se define por uma linha de heranças.

Dessa forma, o patrimônio se caracteriza pelo acúmulo de heranças, pelas marcas que cada geração lega à seguinte, sendo ampliada cada vez mais. No caso de uma nação, é a sua história e memória, expressa em monumentos, documentos, datas, efemérides, heróis nacionais e uma mitologia ancestral sobre a gênese e desenvolvimento nacional que permite o vislumbre do patrimônio nacional, para o qual diferentes gerações contribuíram para a perpetuação da adoração e reverência à Nação. Arpin (2000 *apud* Desvallées; Mairesse, 2013, p. 74) observa que "[...] pode ser considerado como patrimônio

---

[22] Adotamos o sentido de colecionismo de Pomian (1984) e Benjamin (2006), no qual uma coleção possui uma característica em comum a todos os seus itens, no caso da Coleção da Biblioteca Nacional, a característica é representar a nação e o nacional, ser a memória documental do país.

todo objeto ou conjunto, material ou imaterial, reconhecido por seu valor de testemunho e de memória histórica e que deve ser protegido, conservado e valorizado", permitindo que os sujeitos do presente se reconheçam no passado e projetem um futuro — incluindo aí a noção de projeto e projeção.

Logo, o patrimônio documental é aquilo que contribui para a história nacional e é legado às futuras gerações para que não se esqueçam os feitos nacionais e se preserve a memória documental daquela nação, uma prova incessante do acúmulo do saber. Garrido (2012, p. 48 *apud* Jaramillo; Marín-Agudelo, 2014, p. 427, tradução nossa), observa que:

> Ao falar de patrimônio documental em sentido amplo nos referimos a qualquer expressão de linguagem oral ou escrita, ou qualquer expressão gráfica, sonora, audiovisual ou multimídia, reconhecida em qualquer material de suporte, atual ou futuro, gerada no exercício da atividade das pessoas e as sociedades em qualquer tempo, passado ou presente.

Assim, a Biblioteca Nacional brasileira tem seu patrimônio documental inicialmente construído após o terremoto de Lisboa, quando o Marquês de Pombal solicita doações ou incorpora compulsivamente coleções inteiras, a fim de refazer a Biblioteca Real consumida pelo fogo após o maremoto que atingiu Lisboa.

O acervo fundador é constituído pela Coleção de Diogo Barbosa Machado[23], bibliófilo que contribuiu com toda a sua coleção bibliográfica para a reconstrução da Real Biblioteca. De fato, tem-se a noção de que quando falamos de bibliotecas estamos falando apenas de livros ou itens bibliográficos, mas a diversidade comportada por uma biblioteca nacional é inigualável, pois além de livros, há códices, manuscritos, gravuras, pinturas, fotografias e outros itens iconográficos, mapas, planos cartesianos, plantas, partituras, correspondência pessoal, documentos administrativos e os mais variados tipos de mídia que já existiram ou irão existir, pois a acumulação nestes espaços nunca cessa.

Ademais, uma biblioteca nacional é composta por várias outras bibliotecas, coleções e acervos, pois é da dinâmica das instituições uma ser incorporada à outra. Como professa Ranganathan (1931), a biblioteca é um organismo em crescimento, nesse sentido, suas coleções nunca cessam de aumentar e se transmutar, sendo comum que bibliotecas inteiras sejam incorporadas às outras instituições. Caso exemplar é o da Biblioteca Fluminense, instituição

---

[23] Para saber mais, recomendamos a leitura de Caldeira (2007).

que existiu no Rio de Janeiro no século XIX, mas que teve seu acervo totalmente incorporado pela Biblioteca Nacional em 1916.

A Biblioteca, como uma colecionadora, portanto, nunca cessa de colecionar, pois isso seria, ao final e ao cabo, a sua morte, como nos esclarece Baudrillard (1989). Pois o que move uma coleção é sempre o próximo objeto a ser colecionado. Logo, o compromisso com a coleção nacional é incessante, a Nação deve ser colecionada, exposta ao olhar e ritualizada por meio do patrimônio documental legado ao futuro. No caso das bibliotecas, tudo se inicia com a noção de patrimônio bibliográfico, podendo:

> [...] ser entendido como a materialização em livros ou textos impressos do conjunto de manifestações produzidas pelos integrantes de uma sociedade na esfera científica, artística, intelectual, entre outras. Neste sentido, o patrimônio bibliográfico é uma modalidade do patrimônio documental, sendo ambos, por sua vez, parte do patrimônio cultural (Araújo, 2020, p. 84).

Não é nosso intuito nos aprofundarmos nas noções de Patrimônio Cultural, Patrimônio Documental e Patrimônio Bibliográfico, portanto, não desenvolveremos tal discussão, trazendo apenas elementos para embasar nossa linha de pensamento.

Ademais, Jaramillo e Marín-Agudelo (2014, p. 428, tradução nossa) observam:

> Para fins de pesquisa, patrimônio bibliográfico é definido como: qualquer documento que represente ou seja a expressão da identidade cultural de um conglomerado social, comunidade ou nação, publicado em qualquer suporte (papel, magnético, acetato, óptico ou microforma), independentemente do formato de sua apresentação (livro ou monografia, brochura, cartaz, cartografia, revista, boletim ou imprensa); que seja produzido com a intenção de divulgar um conhecimento ou uma ideia de um grupo ou comunidade, para efeitos de distribuição, ou que seja produto de um momento histórico ou de valor simbólico para essa comunidade, dado que confere e reforça a sua identidade cultural. Em qualquer caso, o documento bibliográfico patrimonial reúne pelo menos uma das seguintes características: originalidade (autenticidade), singularidade (insubstituível), valor simbólico, valor de conteúdo ou valor estético.

Identidade é, portanto, a palavra-chave para a constituição de uma coleção nacional. Dessa forma, é compreensível que retomemos a Lei de Depósito Legal, pois esta, com poucas variações ao redor do mundo, preconiza que se envie à biblioteca responsável pela coleção nacional um ou mais exemplares de todas as obras (geralmente livros, mas pode abarcar outros tipos de documentos) editadas no país todos os anos. A missão, totalizante, é preservar na íntegra a produção intelectual daquela nação ou comunidade, contribuindo para o delineamento de uma identidade nacional e sua preservação.

No Brasil, a mais antiga lei de depósito legal é de 1824, na qual o Imperador Pedro I ordena que todos os impressores da Corte, que corresponde à atual cidade do Rio de Janeiro, remetessem à Biblioteca Imperial e Pública da Corte (atual Biblioteca Nacional), um exemplar de todas as obras por eles produzidas. Apesar do caráter restritivo essa lei só seria substituída por uma de abrangência nacional em 1907, quando fica estipulado que:

> Art. 1º Os administradores de officinas de typographia, lithographia, photographia ou gravura, situadas no Districto Federal e nos Estados, são obrigados a remeter a, Bibliotheca Nacional do rio de Janeiro um exemplar de cada obra que executarem.
>
> § 1º Estão comprehendidos na disposição legal não só livros, revistas e jornaes, mas tambem obras musicaes, mappas, plantas, planos e estampas.
>
> § 2º Applicar-se-ha a mesma disposição aos sellos, medalhas e outras especies numismaticas, quando cunhadas por conta do Governo (Brasil, 1907).

Curioso observar que "Art. 4º Os objectos remettidos á Bibliotheca Nacional, em observancia a esta lei, transitarão pelos Correios da Republica com isenção de franquia e gratuidade de registro. devendo o remettente declarar o titulo da obra, os nomes do editor e do autor ou o pseudonymo deste, o logar e a data da edição" (Brasil, 1907), ou seja, as obras eram remetidas sem custos à instituição, uma das grandes queixas hoje em dia e uma das justificativas mais comuns para o não cumprimento da lei atual que diz:

> Art. 1º Esta Lei regulamenta o depósito legal de publicações, na Biblioteca Nacional, objetivando assegurar o registro e a guarda da produção intelectual nacional, além de possibilitar o controle, a elaboração e a divulgação da bibliografia brasi-

leira corrente, bem como a defesa e a preservação da língua e cultura nacionais.

Art. 2º Para os efeitos desta Lei, considera-se:

I - Depósito legal: a exigência estabelecida em lei para depositar, em instituições específicas, um ou mais exemplares, de todas as publicações, produzidas por qualquer meio ou processo, para distribuição gratuita ou venda (Brasil, 2004, s/p.).

Sendo assim, o dispositivo legal para a constituição da coleção nacional e o enriquecimento do patrimônio documental brasileiro perpassa o depósito legal. Curioso observar que Freire (2023) pontua que houve, no século XIX, uma tentativa de pessoas ligadas ao Instituto Histórico e Geográfico Brasileiro (IHGB) de que ele fosse o beneficiário do depósito legal, uma vez que seu compromisso é com a salvaguarda da memória nacional.

Convém perceber, portanto, que há tempos se desenha uma espécie de "concorrência pela memória", onde as instituições ditas nacionais competem entre si para ter coleções mais completas e representativas do Nacional.

Outro exemplo nesse sentido é o do Arquivo Nacional, já que além da aquisição de acervo pelo depósito legal, a BN também recebeu doações e realizou compras ao longo dos anos, o que gerou divergências dada a natureza de alguns conjuntos documentais.

A primeira menção à reclamação do Arquivo se dá no relatório de 1899, quando Mello (1900, p. 278), observa:

[...] Não se poude ainda dar solução ao que, por Aviso de 20 de junho, ordenastes a esta directoria, isto é, que organizasse uma relação dos documentos que existam na Bibliotheca e devam por sua natureza ser conservados no Archivo Publico Nacional, devendo o digno Director d'este estabelecimento enviar, por usa vez, os que alli se encontrem e devam ser recolhidos a esta Bibliotheca.

De fato, mesmo diante da impossibilidade de resgatar o aviso de 20 de junho de 1899, nos parece que o Arquivo questiona o fato de boa parte dos documentos relativos à administração do Brasil Colônia estarem na Biblioteca, ao invés de em sua posse. No ano seguinte, Silva (1901) faz longa explanação sobre o caso, mesmo sendo uma citação demasiadamente longa, achamos por bem trazê-la, abordando-a em partes:

Archivo Publico. – O cumprimento do aviso de 20 de junho de 1899, em que, attendendo à solicitação do director do

> Archivo Publico, recommendastes fossem relacionados os documentos existentes na Bibliotheca Nacional, que por sua natureza devessem ser enviados para o archivo e vice-versa, tem encontrado embaraços de que a 22 de junho de 1900 vos deu conta em longo officio o director interino Sr. João Carlos de Carvalho.
>
> A lista dos documentos que o regulamento do archivo abrange terá de comprehender a maior parte da secção de manuscriptos, que ainda se não acha de todo inventariada, exigindo assim muito tempo a sua organisação. Tal é a razão de vos não ter sido remettida semelhante lista, apezar dos motivos constantes das judiciosas ponderações daquelle director interino e do chefe da 2ª secção, motivos a que certamente dareis o devido valor, evitando assim que para augmentar as colecções do archivo se desintegrem as da bibliotheca.

Percebe-se, então, que num primeiro momento a Biblioteca concorda com os termos fixados, onde as duas instituições fariam trocas entre seus acervos e que se adequassem melhor às suas missões. Silva (1901, p. 637-638) continua:

> Têm cabimento no archivo, segundo o art. 1º do seu regulamento, todos os documentos relativos á legislação, á administração, á historia e á geographia do Brasil e quaesquer outros que o Governo determinar. Na bibliotheca do Archivo (art. 7º) haverá além da colecção impressa da legislação patria, obras sobre direito publico, administração publica, historia e geographia, principalmente do Brasil; na sua mappotheca (art. 8º) estarão os atlas e cartas geographicas antigas e modernas relativas ao Brasil; no seu museu historico (art. 9º) haverá uma collecção de medalhas comemmorativas, outras de moedas brasileiras, quer metallicas, quer em papel e finalmente retratos de brasileiros notaveis e estampas de monumentos.

Nesse momento, o diretor da Biblioteca Nacional situa o então ministro da Justiça e Negócios Interiores sobre o regulamento do Arquivo Nacional e sua abrangência documental, evidenciando que tipos de obras a instituição poderia ter.

> A ter de enviar para o archivo todos os manuscriptos, obras impressas, mappas, medalhas, moedas e estampas de que cogita aquelle regulamento, a que situação ficaria reduzida a bibliotheca? Limita-se por ora aos manuscriptos, aliás preciosos e em numero consideravel, a pretenção do archivo, cujo direito

a mutilar todas as secções da bibliotheca ficará firmado, si d'esta vez for reconhecido o seu poder de absorpção.

É preciso porém entender em termos habeis, pelos menos em relação á bibliotheca, estabelecimento similar, para o qual os objectos reclamados ou ameaçados de reclamação têm entrado por compra com os recursos que no orçamento lhe são destinados ou por doação, sendo-lhes dada a preferencia como uma condição tacita ou expressa, das disposições do regulamento do archivo (Silva, 1901, p. 637-638).

Deste trecho em diante, percebemos a mudança no tom do discurso de Silva (1901), buscando evidenciar que a Biblioteca tem o direito sobre aqueles documentos, sendo por tê-los comprado, sendo dispendido orçamento próprio, ou, porque foi o lugar eleito pelos proprietários iniciais dos conjuntos documentais para recebê-los, um lugar de memória eleito para o legado e a herança patrimonial doada à instituição. Há ainda a observação de que a BN também tem o direito de custodiar os mais diversos tipos documentais, já que eles, tradicionalmente, fazem parte do acervo de bibliotecas:

Taes objectos n'elle têm cabimento, n'elle podem existir, para elle podem ser comprados e devem ser remettidos pelos estabelecimentos de outra natureza, estabelecimentos que os produzam ou os guardem por algum tempo, sem que por isto fique a bibliotheca, que tambem os adquiriu, que os não produz, nem os detem provisoriamente e que mais facilmente os expõe á consulta, privada de conserval-os e de continuar a adquiril-os.

Seria absurdo que na bibliotheca não devessem existir, por comprehendidos no regulamento do archico, o Diario Official, a legislação patria, obras sobre direito publico, administração, geographia e historia, mappas, medalhas e moedas brasileiras etc.

Em todas as bibliothecas existem documentos da natureza dos que pretende o archivo. Na Bibliotheca Nacional de Pariz, na de Lisboa, na de Buenos Ayres, na Bibliotheca da Universidade de Liège, na de Coimbra, etc., encontram-se manuscriptos que têm cabimento nos archivos.

Demais, a pretenção do archivo vai de encontro ao regulamento da bibliotheca, que no seu art. 7 § 8º recomenda que se completem á custa de todos os esforços as **collecções nacionaes**. E depois que taes esforços têm sido empregados pelo pessoal da bibliotheca, não só por uma parte do actual,

> como por parte do que já desappareceu ou se retirou, dei-
> xando da sua passagem vestigios indeleveis, depois que foram
> organisados o catalogo da Exposição de Historia do Brasil,
> o dos Cimelios e o de Manuscriptos, publicações que pelas
> notas bibliographicas que [...] valorisaram as peças descrip-
> tas, seria doloroso esphalecer o producto d'esse trabalho
> incessantemente accumulado durante um largo periodo da
> historia da bibliotheca, destruir pela base a obra realisada á
> custa de dedicação e de amor ao estabelecimento e á patria
> (Silva, 1901, p. 637-638, grifo nosso).

Esse último trecho delimita a Coleção Nacional como objeto da missão da Biblioteca, de certa maneira, o que Silva (1901) diz é: tal coleção é supra institucional, independentemente de onde esteja, compõe a memória nacional e pertence à Nação como um todo, sendo assim, colocar barreiras à sua aquisição e/ou recebimento seria impor uma norma que não faz sentido e que impede a instituição de cumprir sua missão perante o social. Ademais, o diretor exalta os trabalhos que a instituição realizou com vistas a cumprir sua missão de preservação da memória, quando enaltece a publicação do Catálogo de Exposição da História do Brasil e o incessante trabalho de tratamento de seu acervo (alvo de nossas discussões nesta obra).

As menções à disputa desaparecem dos relatórios, o que nos dá a impressão de que o assunto tenha se encerrado. Mas nova reclamação é feita uma década depois e é relativa à compra de arquivos pela Biblioteca, assim, novamente, Manoel Cícero Peregrino da Silva (1912, p. 679-680), ainda dirigindo a instituição, observa:

> Nova reclamação fez o Archivo Publico no sentido de serem
> transferidos para esse estabelecimento documentos que per-
> tencem a esta Bibliotheca e são de natureza dos que alli se
> acham. Tendo-os obtidos por compra com os recursos que
> lhe tem facultado o orçamento ou por doação, caso em que
> deve ser tida em consideração a intenção daquellas pessoas
> que de preferencia ao Archivo escolheram a Bibliotheca, não
> podia esta deixar de oppor embaraço a que fosse satisfeita
> aquella pretensão.
>
> Comprando documentos, não tem a Bibliotheca feito con-
> currencia ao Archivo. Mandando-os vir ou aproveitando
> occasiões que aqui se offereceram, não lhe tem ella feito
> competencia. Sem a sua iniciativa, os documentos que adquiriu
> não teriam, na maior parte, ido ter áquelles estabelecimento,

> não se achariam no paiz ou estariam em poder de particulares, si não houvessem desapparecido.
>
> Cartas geographicas, gravuras, moedas e medalhas tambem alli encontram cabimento, do mesmo modo que na Bibliotheca. A reclamação poderia abranger taes objectos e mesmo livros da natureza dos que constituem a bibliotheca do Archivo.
>
> A questão porem ficou definitivamente resolvida no art. 66 do novo regulamento da Bibliotheca, que dispõe que não poderão ser transferidos para outros estabelecimentos os livros, manuscriptos, etc., exceptuados apenas os duplicados que não façam falta.

Curioso observar que o então diretor faz questão de recorrer aos dispositivos reguladores da instituição para firmar posição com relação ao acervo da BN. Se em um primeiro momento ele enfatiza a amplitude do alcance de tipologias documentais que o regulamento do Arquivo Nacional comporta, agora, de posse de, àquela altura, um novo regulamento para a Biblioteca Nacional — editado em 1911, mesmo ano desta reclamação —, ele parece encerrar a discussão de vez quando cita o artigo 66, no qual nenhum item, a não ser duplicata, poderá ser retirado da posse da instituição: "Não poderão ser transferidos da Bibliotheca para outro estabelecimento, salvo havendo exemplares em duplicata que lhe não façam falta, os seus livros, manuscriptos, estampas e mais objectos que nella se colleccionarem" (Brasil, 1911, s/p.).

Ironicamente, toda a 4ª. Secção (Moedas e medalhas – Numismática) seria transferida para o Museu Histórico Nacional por ocasião de sua fundação em 1922. Podemos conjecturar que a amizade de anos entre Peregrino da Silva e Epitácio Pessoa (então presidente da república e que quando ministro da Justiça e Negócios Interiores foi o responsável pela nomeação deste como diretor da BN) tenha pesado na decisão, mas, talvez, a oportunidade de se criar uma nova instituição compromissada com o Nacional tenha movido o dirigente da instituição a fazê-la abrir mão de parte de seu acervo[24].

Fato é que hoje há dispositivos legais que protegem o patrimônio documental brasileiro, mesmo que de forma ainda rasa, a Constituição de 1988 prevê em seu artigo 23 que:

---

[24] Não foi só a Biblioteca que abriu mão de parte de seu acervo, o próprio Arquivo Nacional, bem como o Museu Nacional e outras instituições doaram parte de seu acervo para a criação do novo Museu.

> É competência comum da União, dos Estados, do Distrito Federal e dos Municípios:
>
> [...]
>
> III - proteger os documentos, as obras e outros bens de valor histórico, artístico e cultural, os monumentos, as paisagens naturais notáveis e os sítios arqueológicos (Brasil, 1988, s/p.).

Portanto, insere no rol de competências do Estado a proteção do patrimônio documental nacional, além disso, o artigo 216 afirma que:

> Constituem patrimônio cultural brasileiro os bens de natureza material e imaterial, tomados individualmente ou em conjunto, portadores de referência à identidade, à ação, à memória dos diferentes grupos formadores da sociedade brasileira, nos quais se incluem:
>
> [...]
>
> III - as criações científicas, artísticas e tecnológicas;
>
> IV - as obras, objetos, documentos, edificações e demais espaços destinados às manifestações artístico-culturais (Brasil, 1988, s/p.).

Assim, uma gama de instituições é incumbida de proteger tal patrimônio, incluindo-se aí arquivos, museus e bibliotecas. De fato, como custodiadoras do patrimônio documental, as bibliotecas nacionais têm estreita relação com a cultura e identidade nacionais, ajudando em sua proteção, disseminação e (con)formação.

Desse modo, é interessante nos atermos, mesmo que brevemente, à moderna concepção de biblioteca nacional. Para Faria e Pericão (2008, p. 103), ela seria a:

> [...] biblioteca responsável pela aquisição e conservação de exemplares de todas as publicações editadas num país. Pode funcionar como biblioteca de depósito legal. Este tipo de biblioteca desempenha ainda outras funções: elaborar a bibliografia nacional, manter atualizada uma coleção significativa da produção estrangeira, desempenhar a função de centro nacional de informação bibliográfica retrospectiva, organizar catálogos, ser agência de atribuição do ISSN, etc. Pode caber-lhe também um papel de destaque na informação científica e técnica do país que representa, criando e mantendo serviços centrais indispensáveis às outras bibliotecas do referido país,

como a cooperação na aquisição e tratamento de documentos, a difusão seletiva da informação da bibliografia nacional, servir de centro nacional e internacional de empréstimo, estabelecer serviços centrais de referência, consulta e orientação, ser centro para o controle bibliográfico universal, promover a normalização em nível nacional, ter funções de planificação e orientação em relação às bibliotecas do país (Faria; Pericão, 2008, p. 103).

Além disso, Cunha e Cavalcanti (2008, p. 52), a definem como:

> 1. A que é responsável pela aquisição e conservação de exemplares dos documentos publicados no país. A lei do depósito legal é, em vários países, um dos fatores de enriquecimento dos acervos desse tipo de biblioteca. 2. Entre as funções que desempenha podem ser mencionadas: a) compilar e publicar a bibliografia nacional corrente e bibliografias retrospectivas; b) manter coleções de documentos sobre o país; c) atuar como centro nacional de informação bibliográfica; d) organizar e manter os catálogos coletivos nacionais (Cunha; Cavalcanti, 2008, p. 52).

Por último, Reitz (c2013, tradução nossa) diz que é:

> Uma biblioteca designada e financiada por um governo nacional para servir a nação, mantendo uma coleção abrangente da produção literária publicada e não publicada da nação como um todo, incluindo publicações do próprio governo. A maioria das bibliotecas nacionais também é responsável pela compilação de uma bibliografia nacional, e algumas servem como depositário legal de obras protegidas por direitos autorais no país.

Apesar de breves, tais definições nos auxiliam a perceber que o papel de formadora de uma ideia de nação pouco é lembrado, inviabilizando o poder simbólico exercido por esse tipo de instituição com relação aos semióforos[25] nacionais. Cita-se, por exemplo, que as bibliotecas nacionais podem funcionar como repositórios do depósito legal, mas esquecem de avançar em suas definições ressaltando que essa função tem ligação com a preservação de uma memória documental — ou ao menos bibliográfica — nacional. A função do depósito legal é permitir que uma obra que irá entrar

---

[25] Aqui, referimo-nos ao termo citado por Pomian (1984) e utilizado por Chauí (2000) para se referir aos símbolos nacionais em seu texto *A Nação como um semióforo*.

em domínio público[26] em algumas décadas tenha seu conteúdo protegido e acessível facilmente por todos, afinal, a ideia é que todos possam usufruir da criação intelectual daquela pessoa livremente após cessar o seu período de direito patrimonial sobre aquela criação.

Há, ainda, o componente bibliográfico: espera-se que as bibliotecas nacionais editem as bibliografias nacionais já que, por força de lei, elas deveriam receber todas as obras editadas em um país, fazendo com que a criação de tal fonte de informação fosse a mais precisa possível.

Fato é que no Brasil nenhuma das duas situações se concretiza: o depósito legal é negligenciado e a produção de bibliografia nacional calcada nos catálogos da própria instituição, apesar de incentivada por diversas instituições, mostra-se ineficiente e contrária às definições modernas de bibliografia e catálogo[27].

---

[26] "[...] conjunto das obras intelectuais que, nomeadamente pela expiração do prazo de proteção, podem ser difundidas livremente, sob reserva do direito moral" (Faria; Pericão, 2008, p. 258). No Brasil, o prazo por lei para que uma obra caia em domínio público é de 70 anos.

[27] Para saber mais, consultar Juvêncio e Rodrigues (2016).

3

UM LEGADO PARA A HUMANIDADE: AS NOMINAÇÕES MEMÓRIA DO MUNDO E A CONSTRUÇÃO DE UM IMAGINÁRIO SOCIAL

Um semióforo, um representante da história do conhecimento registrado pela humanidade, essa é a premissa da nominação[28] de acervos documentais como memória do mundo. O programa, instituído pela Organização das Nações Unidas para a Educação, a Ciência e a Cultura (Unesco), em 1995, é uma iniciativa que visa com que ações de destruição de patrimônios documentais não mais ocorram, sendo eles salvaguardados e preservados para as próximas gerações. A nominação em si não garante a eternidade dos itens, mas lança luz sobre a necessidade de conservar e difundir os acervos documentais considerados de relevo, prevenindo, sobremaneira, que o esquecimento seja o seu fim.

O estopim da iniciativa foi a queima, em 1992, da Biblioteca de Sarajevo (Vijecnica), durante a guerra dos Balcãs, que se desenrolou entre 1992 e 1995. Por dias, a Biblioteca pegou fogo sem que a população nada pudesse fazer, uma vez que os sérvios impediam qualquer um que tentasse combater as chamas, chegando, inclusive, a cortar o fornecimento de água da cidade.

Tal conflito é considerada por muitos um dos maiores genocídios do século XX, mesmo com a proibição do uso de armas químicas desde a primeira guerra, elas foram amplamente utilizadas, dizimando, especialmente, os bósnios da região. O mesmo princípio pode ser aplicado ao conhecimento, a queima da Biblioteca de Sarajevo e a destruição de muitas outras instituições ao longo do conflito se constituem um dos maiores exemplos de memoricídio que tivemos nos últimos 30 anos. O termo memoricídio designa, segundo Ferreira (2022, p. 21), "[...] a eliminação intencional dos patrimônios materiais ou imateriais que representam os povos colonizados". Já Rampinelli (2013, p. 140 *apud* Ferreira, 2022) define-o como uma atuação que:

---

[28] Optamos pelo uso do vocábulo "nominado" ao invés de "nomeado" por ser essa a designação utilizada pelo Comitê Nacional do Brasil do Programa Memória do Mundo da Unesco.

"[...] consiste na eliminação de todo o patrimônio, seja ele tangível ou intangível, que simboliza resistência a partir do passado". Báez (2010) adverte que o Memoricídio não acontece de forma isolada, outros processos como a transculturação, o genocídio e o etnocídio o apoiam a fim de tornar concretos os objetivos desta prática.

Báez (2006, p. 294) cita o texto *Lamento por Vijecnica* (a Biblioteca de Sarajevo), do poeta bósnio Goran Simic:

A Biblioteca Nacional queimou nos últimos três dias de agosto e a cidade se afogou com a neve negra.

Liberados os montes, os caracteres vagaram pelas ruas, misturando-se aos transeuntes e às almas dos soldados mortos.

Vi Werther sentado na cerca arruinada do cemitério; vi Quasímodo se equilibrando com uma das mãos no minarete.

Raskolnikov e Mersault cochicharam juntos durante dias em meu sótão; Gavroche se eximiu com uma camuflagem cansada.

Yossarian já se vendia ao inimigo; por uns poucos dinares o jovem Sawyer mergulhava longe da ponte do Príncipe.

Cada dia mais fantasmas e menos pessoas vivas; e a terrível suspeita se confirmou quando os esqueletos caíram sobre mim.

Encerrei-me na casa. Folheei os guias de turismo. E não saí até que o rádio me dissesse como eles puderam apanhar dez toneladas de carvão no subterrâneo mais profundo da queimada Biblioteca Nacional.

De fato, quando pensamos na história dos livros, bibliotecas, arquivos e museus, deparamo-nos com a destruição em massa de registros humanos, sejam documentos escritos, falados, filmados, em pedra e cal, a grande — e triste — realidade é que em situações de guerra, o patrimônio sempre sofrerá com as consequências, sendo destruído ou danificado. Desde a Antiguidade é assim, temos, por exemplo, Alexandra ou a Biblioteca de Assurbanipal, destruídas por inimigos de seus governantes.

A lógica é a do que hoje denominamos como dominação cultural, já que nas cinzas do esquecimento é mais fácil subjugar populações, tornando-as uma página em branco e sem passado, moldando novas formas de futuro.

Mesmo hoje, onde há um cenário de proteção legal dos patrimônios em tempos de guerra (Fiankan-Bokonga, 2017), há a destruição de inúmeros patrimônios, protegidos ou não ao redor do globo, vide as recentes ações do

Estado Islâmico no Iraque e Afeganistão, onde inúmeros sítios arqueológicos foram destruídos propositalmente por, segundo integrantes do grupo, irem contra os ditames do Corão. Ou o bombardeio seguido de saque da Biblioteca de Bagdá pelos Estados Unidos, onde inúmeros registros dos primeiros assentamentos humanos foram destruídos ou passaram a ter o seu paradeiro desconhecido, o que alimenta o tráfico internacional de bens culturais, que cresce em regiões conflituosas e à reboque da negligência (conivente) de vários países envolvidos em conflitos bélicos, permitindo que o patrimônio da humanidade passe a fazer parte de coleções privadas.

Portanto, o Programa Memória do Mundo é uma iniciativa que visa proteger, mesmo que simbolicamente, os patrimônios documentais das mais diferentes regiões do mundo. Dados de março de 2022 indicam que 432 conjuntos documentais foram nominados memória do mundo, sendo 52% deles localizados na Europa e América do Norte, 22% na Ásia e Pacífico, 18% na América Latina e Caribe, 5% na África, 2% nos Estados Árabes e 1% no restante do mundo. Os países com o maior número de conjuntos nominados são a Alemanha e o Reino Unido, cada um com 23 nominações, seguidos por Polônia (17), Países Baixos e Coréia do Sul (16), Áustria (15), Rússia (14), China, França e México (13), Espanha e Estados Unidos (11) e, finalmente, o Brasil, com 10 nominações[29]. Tais números se referem às nominações mundiais, já que há uma hierarquia de nominações, por exemplo, dentre os 12 itens do acervo da Biblioteca Nacional que alcançaram nominação, só a coleção de fotografias do Imperador, o acervo de Carlos Gomes e o acervo da Guerra do Paraguai possuem o registro internacional. Já os registros do Atlas Ciera e da Carta de Abertura do Portos têm alcance regional. Sendo o restante das nominações possuidoras do registro nacional como memória do mundo.

O Programa Memória do Mundo tem três objetivos principais:

a. facilitar a preservação do patrimônio documental mundial por meio das técnicas mais adequadas, o que pode ser feito por uma assistência prática direta, difundindo diretrizes e informação, incentivando a formação de pessoal especializado ou associando patrocinadores a projetos oportunos e apropriados (Organização das Nações Unidas, c2023);

---

[29] Os dados referem-se às "Statistics of Memory of the World" (cenário em dezembro de 2018) e estão disponíveis no link: https://www.unesco.org/sites/default/files/medias/files/2022/03/statistics_of_mow.pdf.

Evidencia-se aqui a necessidade de organizar para se (re)conhecer o patrimônio documental. Independentemente se custodiados por arquivos, bibliotecas ou museus, os documentos devem ser tratados com vistas à sua difusão. De fato, quando pensamos em um patrimônio para a humanidade, ele deve estar disponível para que as pessoas possam dele usufruir.

b. proporcionar o acesso universal ao patrimônio documental, por meio da produção de cópias digitalizadas e catálogos pesquisáveis online, publicação e distribuição de livros, CDs, DVDs e outros produtos o mais ampla e equitativamente possível. Sempre que o acesso tenha implicações para os custodiadores do patrimônio, isso é levado em conta, e restrições legais e de outros tipos em matéria de acesso aos arquivos são reconhecidas, bem como sensibilidades culturais – por exemplo, o fato de comunidades indígenas preservarem e controlarem o acesso a seu patrimônio. São também respeitados os direitos de propriedade, garantidos por lei (Organização das Nações Unidas, c2023).

Reforçando o que foi dito anteriormente, tais iniciativas maximizam o alcance dos acervos nominados memória do mundo, contribuindo para sua popularização e acesso.

c. criar em todo o mundo a consciência da existência e importância do patrimônio documental, para o que se recorre, embora não exclusivamente, ao aumento do número de registros como Memória do Mundo, e a instrumentos e publicações de promoção e informação. Preservação e acesso não só são complementares, mas também contribuem para a conscientização, já que a demanda de acesso estimula o trabalho de preservação. A produção de cópias de acesso é estimulada, de modo a ser evitada a manipulação de documentos que devem ser preservados (Organização das Nações Unidas, c2023).

Por fim, o último objetivo sintetiza os dois anteriores e tem em sua essência a noção de que o acesso ao conhecimento produz novos saberes.

No Brasil, há um comitê nacional criado pelo Ministério da Cultura em 2004, a Portaria n.º 259, de 2 de setembro de 2004, declara que:

O MINISTRO DE ESTADO DA CULTURA, [...] considerando a importância da preservação do patrimônio documental brasileiro para o **desenvolvimento da nação**, resolve:

Art. 1º - Criar o Comitê Nacional do Brasil do Programa Memória do Mundo da UNESCO. Art. 2º - O Comitê tem como objetivo assegurar a preservação das coleções documentais de importância mundial, por meio de seu registro na lista do patrimônio documental da humanidade, democratizar o seu acesso e criar a consciência sobre a sua importância e a necessidade de preservá-lo.

Art. 3º - O Comitê tem as seguintes atribuições:

I - Promover os objetivos do Programa Memória do Mundo da UNESCO, de acordo com suas diretrizes, que visam assegurar a preservação e o acesso ao patrimônio documental e bibliográfico de importância mundial.

II - Trabalhar em consonância com o Comitê Regional da América Latina e Caribe, para o Programa Memória do Mundo, por meio do Representante do Brasil neste Comitê, na preservação e nominação das Coleções do Brasil e da região.

III - Realizar reuniões nas regiões do país, com o apoio do Ministério da Cultura, para que os objetivos do Programa Memória do Mundo e as ações do Comitê possam ser disseminados e discutidos em todo o Brasil.

IV - Identificar, avaliar e selecionar documentos e coleções de importância mundial para que sejam encaminhados aos registros do Programa Memória do Mundo em seus três níveis: Nacional, Regional da América Latina e do Caribe com o Mundial.

V - Supervisionar os projetos e atividades nacionais que estejam dentro do escopo do Programa.

VI - Apoiar os órgãos competentes na formulação de políticas nacionais que permitam definir, registrar, salvaguardar e dar acesso ao patrimônio arquivístico e bibliográfico do Brasil.

VII - Propor mecanismos que favoreçam a Cooperação, a difusão e o intercâmbio da informação sobre a conservação do patrimônio documental e bibliográfico do País.

VIII - Promover junto aos órgãos públicos e entidades da Administração Pública do País e de Instituições Privadas, a conscientização para a salvaguarda do Patrimônio documental e bibliográfico do Brasil, considerando parte essencial de nosso patrimônio cultural.

IX Elaborar o Regulamento do Comitê e submetê-lo à aprovação do Ministério da Cultura (Brasil, 2004, s/p., grifo nosso).

A Biblioteca Nacional tem cadeira cativa assegurada pela portaria dentre os membros do comitê e, desde o seu início, tem submetido candidaturas à nominação como memória do mundo. De fato, a institucionalização de tal grupo reforça dispositivos previstos na Constituição Federal de 1988 e contribui para o (re)conhecimento de um patrimônio documental brasileiro, negligenciado na maior parte das esferas de poder e mesmo pelos órgãos que deveriam protegê-lo (Basques, 2014). O Quadro 2 mostra os documentos da BN que foram nominados, o local dentro da instituição onde eles estão custodiados, o ano de nominações e alguns dados referentes à sua aquisição e à descrição pela instituição. O levantamento foi realizado a partir do site do Programa Memória do Mundo – Brasil[30] e toda a documentação consultada foi solicitada diretamente ao comitê por e-mail.

Quadro 2 – Acervos da Biblioteca Nacional nominados Memória do Mundo

Documento ou conjunto documental	Seção de custódia	Ano de nominação	Ano de entrada na Biblioteca Nacional	Forma de aquisição	Breve descrição
Coleção do Imperador: fotografia brasileira e estrangeira no século XIX	Iconografia	2003	1891	Doação	Coleção de fotografias tiradas ou colecionadas pelo Imperador D. Pedro II ao longo de sua vida. Seu conteúdo versa sobre o cotidiano da corte e as mais variadas viagens do monarca pelo Brasil e outros países.

---

[30] Disponível em: http://mow.arquivonacional.gov.br/. Acesso em: 10 out. 2023.

Carta Régia da Abertura dos Portos Brasileiros às Nações Amigas	Manuscritos	2008	-	Acervo fundador	A Carta de Abertura dos Portos é considerada por muitos historiadores a verdadeira certidão de nascimento do Brasil, já que marca o fim do período colonial e a elevação do Brasil a Reino Unido de Portugal.
Manuscritos Musicais de Carlos Gomes	Música e Arquivo Sonoro	2009	-	Doação	O conjunto documental é composto por 12 volumes de composições do maestro Carlos Gomes
"Viagem Filosófica": Expedição Científica de Alexandre Rodrigues Ferreira nas Capitânias do Grão-Pará, Rio Negro, Mato Grosso e Cuiabá - 1783-1792	Manuscritos	2010	Séculos XIX e XX	Compra e doação	Documentos que ilustram e descrevem a expedição científica de Alexandre Rodrigues Ferreira pelas Capitanias do Grão-Pará, Rio Negro, Mato Grosso e Cuiabá entre 1783 e 1792
Matrizes de gravura da Casa Literária do Arco do Cego	Iconografia	2011	-	Acervo fundador	-

Atlas e mapa do cartógrafo Miguel Antônio Ciera	Cartografia	2012	-	Acervo fundador	Atlas e mapas elaborados por Miguel Antonio Ciera e que ajudam a contar como as fronteiras portuguesas e espanholas foram delimitadas na parte do sul do continente americano
Manuscritos musicais de Ernesto Nazareth	Música e Arquivo Sonoro	2013	1963	Doação	Manuscritos autógrafos do compositor que evidenciam a sua inclinação à valorização dos ritmos brasileiros
Cartas Andradinas	Manuscritos	2014	1883	Compra	Conjunto de cartas trocadas entre os irmão Andrada (José Bonifácio, Martim Francisco e Antônio Carlos) com o jornalista e diplomata Antônio de Menezes Vasconcelos de Drummond. A correspondência foi trocada entre 1824 e 1833 e traz em seu escopo diversos comentários sobre a vida política brasileira no período.

Cultura e opulência do Brasil, de André João Antonil	Obras Raras	2015	1911	Doação	Considerada a primeira obra sobre a economia do Brasil, foi publicada em 1711, mas, logo em seguida, proibida de circular, tendo em vista que trazia muitos dados sobre as riquezas e fontes de renda da coroa portuguesa.
Documentos da Guerra do Paraguai - A Guerra da tríplice aliança: representações iconográficas e cartográficas	Iconografia, Cartografia e Manuscritos	2015	Século XIX e XX	Compra e doação	Documentos de nove instituições brasileiras e uma uruguaia sobre a Guerra do Paraguai, a saber: Biblioteca Nacional, Museu Imperial, Arquivo Nacional, Arquivo Histórico e Mapoteca Histórica do Itamaraty, Museu Histórico Nacional, Museu Nacional de Belas Artes, Instituto Histórico e Geográfico Brasileiro, Diretoria do Patrimônio Histórico e Documentação da Marinha, Arquivo Histórico do Exército e a Biblioteca Nacional do Uruguai.

Arquivo Arthur Ramos	Manuscritos	2016	1954 e 1956	Compra	Conjunto documental produzido pelo médico, etnólogo e professor Arthur Ramos e que versam sobre diversos aspectos sociais, tais como folclore, etnografia, psiquiatria etc. Traz, ainda, correspondência com nomes de relevo nos estudos de tais temas no país e no mundo.
Coleção Lima Barreto	Manuscritos	2017	1947	Compra	Conjunto documental do escritor Lima Barreto, traz em seu escopo correspondência enviada e recebida com familiares e poersonalidades da época, como Monteiro Lobato, que foi seu editor, além de originais de suas obras.

Imprensas negra e abolicionista do século XIX	Periódicos	2018	Século XIX	Depósito legal e doação	Conjunto documental artificial criado pela Biblioteca Nacional contendo 38 periódicos raros de seu acervo. São identificados 5 deles como os primeiros jornais da imprensa negra brasileira, todos efêmeros, datados de 1833; 31 publicações abolicionistas editadas no país entre 1871 e 1888, e 2 jornais da imprensa negra pós-Abolição, lançados, ainda, no século XIX.

Fonte: o autor

Dos conjuntos documentais nominados Memória do Mundo podemos observar algumas características. A primeira delas é onde estão custodiados na instituição (Quadro 2): a maior parte deles está na Seção de Manuscritos, a conclusão natural a que chegamos é que o atrelamento arquivístico ao sentido de prova documental, possibilita as candidaturas de tais documentos, uma vez que constituem-se em relatos de memória, narrando diversos episódios de relevo para o país.

Na mesma linha, segue o número de conjuntos nominados custodiados pela Seção de Iconografia, uma vez que as imagens possibilitam o retorno ao passado de forma mais fidedigna e mais facilmente, funcionando de forma simples como uma ponte entre o presente o passado.

Remontando ao texto de Benedict Anderson (2008), O Censo, o Mapa e o Museu, podemos inferir que não é surpresa a presença da Seção de Cartografia na terceira posição em número de conjuntos documentais nominados Memória do Mundo. Em um sentido amplo, os manuscritos poderiam comportar o sentido de censo (o relato pormenorizado das personalidades); os documentos iconográficos fariam as vezes de museu, inclusive a própria sala da seção é assim nominada tendo em vista seus aspectos arquitetônicos e de mobiliário, sendo mais uma vez a mediação da imagem importante para a reconstrução do passado. Por fim, a Seção de Cartografia atrela-se ao mapa, aos contornos dados à Nação em construção.

Ainda cumpre-nos destacar que ambos os acervos nominados Memória do Mundo custodiados pela Divisão de Música e Arquivo Sonoro são pessoais e ligam-se a compositores que ajudaram a forjar uma noção de cultura e erudição brasileira.

Por fim, podemos perceber que as seções de Obras Raras e Periódicos possuem apenas um registro cada, evidenciando, de forma indireta, o valor atribuído à produção bibliográfica, cuja proteção, mesmo nos dispositivos legais, ainda é nebulosa e invisibilizada.

Quadro 3 – Divisão dos conjuntos documentais nas seções da Biblioteca Nacional

Seção custodiadora	Conjuntos documentais[31]
Manuscritos	6
Iconografia	3
Música e Arquivo Sonoro	2
Cartografia	2
Obras Raras	1
Periódicos	1

Fonte: o autor

A começar pelo único livro objeto de nominação, *Cultura e Opulência do Brasil*, de André João Antonil (1711), cuja candidatura "[...] objetivou destacar um item da 'Coleção Brasiliana[32], que bem representasse a memória

---

[31] As Seções de Iconografia, Cartografia e Manuscritos dividem a nominação do conjunto documental "Documentos da Guerra do Paraguai - A Guerra da tríplice aliança: representações iconográficas e cartográficas", por isso, totalizam-se 15 conjuntos, ao invés de 13.

[32] "Diz-se de livros e outros documentos publicados sobre o Brasil ou escritos por autores do país" (Cunha; Cavalcanti, 2008, p. 58).

e a história do Brasil, e que evidenciasse seu 'iter[33]', sua própria história de sobrevivência ao longo de séculos" (Biblioteca Nacional, 2015, s/p.). De fato, deve-se destacar que a obra, por seu caráter descritivo, mesmo após obter as licenças necessárias para ser comercializada e circular livremente por Portugal, teve essa revogada, sendo recolhida e destruída em grande parte.

> [...] por ordem do Rei de Portugal D. João V, a partir de uma recomendação do Conselho Ultramarino, que considerou inconveniente a publicação das informações sobre as riquezas do Brasil e a enumeração das rendas da Coroa.

> A decisão de D. João V quase apagou uma memória, quase privou o Brasil de salvaguardá-la. Se não fossem os exemplares distribuídos antes da censura, a migração intercontinental de livros e bibliotecas e o afã de colecionadores na busca e preservação de tesouros bibliográficos, a leitura de Cultura e Opulência se faria, apenas, em exemplares estrangeiros ou em itens com uma história de perda e sofrimento que só permitiriam a leitura truncada (Biblioteca Nacional, 2015, s/p.).

Ao refletirmos sobre os motivos que levaram o rei português a agir desse modo, devemos ponderar, inicialmente, o poder de um livro sobre as pessoas e a posição estratégica e central das informações. Tauile (1981) observa que durante boa parte dos séculos XVI, XVII e XVIII, o segredo movia os reinos europeus, uma vez que, para garantir o seu domínio sobre as possessões ultramarinas, era importante o desconhecimento de reinos rivais destes espaços. Sendo assim, ao divulgar dados sobre o Brasil, Antonil coloca em risco a hegemonia e monopólio português sobre a Colônia, justificando, dessa forma, a destruição da obra e a proibição de sua circulação.

A obra só compõe o acervo graças à doação de Benedito Ottoni da coleção de José Carlos Rodrigues, reconhecido como um dos maiores colecionadores que o país já teve, em especial de livros que são descritos como "Brasiliana", como já mencionamos, livros sobre o Brasil.

O outro conjunto documental de característica bibliográfica é o "Imprensas negra e abolicionista do século XIX", conjunto criado artificialmente pela Seção de Periódicos com a finalidade de reunir publicações periódicas de relevo para a história negra no Brasil do século XIX. Os periódicos listados estão arrolados no Quadro 4.

---

[33] Percurso, caminho percorrido, marcha, viagem. Estrada, caminho, passagem. Via, meio, maneira.

Quadro 4 – Publicações periódicas listadas na lista de candidatura "Imprensas negra e abolicionista do século XIX"

Classificação pela Seção	Título	Local	Data	Descrição
Primeira Imprensa Negra	O Homem de Côr	Rio de Janeiro (RJ)	1833	Do n.º 1, de 14 de setembro de 1833, ao n.º 5, de 4 de novembro de 1833. Total de 5 edições, dimensões 20x15cm, com 4 páginas cada.
	O Cabrito	Rio de Janeiro (RJ)	1833	N.º 1, de 7 de novembro de 1833, e n.º 2, de 20 de novembro de 1833. Total de 2 edições, dimensões 23x17cm, com 8 páginas a primeira e 16 a segunda.
	O Meia Cara	Rio de Janeiro (RJ)	1833	N.º 1, de 11 de novembro de 1833, e n.º 2, de 15 de dezembro de 1833. Total de 2 edições, dimensões 21x15cm, com 8 páginas cada.
	Brasileiro Pardo	Rio de Janeiro (RJ)	1833	N.º 1, de 21 de outubro de 1833. Total de 1 edição, dimensões 32x23cm, com 4 páginas.
	O Lafuente	Rio de Janeiro (RJ)	1833	N.º 1, de 16 de novembro de 1833. Total de 1 edição, dimensões 30x21cm, com 4 páginas.
Imprensa Abolicionista	O Abolicionista: Publicação quinzenal da Sociedade Libertadora Sete de Setembro	Salvador (BA)	1871-1872	N.º 4, ano 1, de 30 de abril de 1871; n.º 8, ano 1, de 31 de julho de 1871; n.º 1, ano 2, de 1º de março de 1872; n.º 3, ano 2, de 15 de abril de 1872. Total de 4 edições, dimensões 32x25cm, com 2 páginas a primeira e 8 páginas as demais.
	O Abolicionista: Órgão da Sociedade Brasileira Contra a Escravidão	Rio de Janeiro (RJ)	1880	Do n.º 1, de 1º de novembro de 1880, ao n.º 14, de 1º de dezembro de 1881. Total de 14 edições, dimensões 33x23cm, com em média 8 páginas (à exceção do n.º 5, de 1º de março de 1881, com 16 páginas, e do nº 7, de 1º de maio de 1881, com 12 páginas).

A BIBLIOTECA E A NAÇÃO: ENTRE CATÁLOGOS, EXPOSIÇÕES, DOCUMENTOS E MEMÓRIA

Classificação pela Seção	Título	Local	Data	Descrição
Imprensa Abolicionista	O Abolicionista: Propriedade de uma associação	São Luís (MA)	1885	N.º 1, ano 1, de 28 de julho de 1885. Total de 1 edição, dimensões 47x33cm, com 4 páginas.
	O Abolicionista: Libertas quae sera tamen!	Teresina (PI)	1884	N.º 3, ano 1, de 24 de outubro de 1884; n.º 7, ano 1, de 6 de dezembro; n.º 8, ano 1, de 19 de dezembro de 1884. Total de 3 edições, dimensões 43x31cm, com 4 páginas cada.
	Abolicionista do Amazonas	Manaus (AM)	1884	N.º 5, ano 1, de 1º de junho de 1884, e n.º 11, ano 1, de 10 de julho de 1884. Total de 2 edições, dimensões 49x33,5cm, com 4 páginas cada.
	O Abolicionista Paraense	Belém (PA)	1883	N.º 4, ano 1, de 24 de junho de 1883. Total de 1 edição, dimensões 37x24cm, com 4 páginas.
	O Amigo do Escravo: Órgão abolicionista	Rio de Janeiro (RJ)	1883-1884	N.º 1, de 27 de outubro de 1883, e n.º 2, de 27 de janeiro de 1884. Total de 2 edições, dimensões 39x28cm, com 4 páginas cada.
	Anti-Rebate: Semanario abolicionista e republicano	Recife (PE)	1887	N.º 16, ano 1, de 22 de outubro de 1887. Total de 1 edição, dimensões 29x20,5cm, com 4 páginas.
	O Asteroide: Orgam da propaganda abolicionista.	Cachoeira (BA)	1887-1889	Do n.º 1, ano 1, de 23 de setembro de 1887, ao n.º 28, ano 1, de 31 de dezembro de 1887; do n.º 29, ano 1, de 4 de janeiro de 1888, ao n.º 99, ano 1, de 23 de setembro de 1888; edição n.º 100, ano 2, de 13 de maio de 1889. Total de 100 edições, dimensões 31x23cm, com 4 páginas cada.
	O Atalaia: Semanario abolicionista e republicano	Recife (PE)	1885	N.º 2, ano 1, de 18 de agosto de 1885. Total de 1 edição, dimensões 29x20cm, com 4 páginas.
	Boletim da Libertadora Norte-Rio Grandense	Natal (RN)	1888	Do n.º 6, de 18 de março de 1888, ao n.º 9, de 20 de maio de 1888. Total de 4 edições, dimensões 38x27cm, com 8 páginas cada. Número de identificação no acervo (BIN): 0000717630

Classificação pela Seção	Título	Local	Data	Descrição
Imprensa Abolicionista	Castro Alves: Órgão do Club Litterario e Abolicionista do mesmo nome	Maceió (AL)	1883	N.º 9, ano 2, de 27 de julho de 1884. Total de 1 edição, dimensões 32x23cm, com 4 páginas.
	A Liberdade: Orgam Abolicionista dos Empregados do Commercio	São Paulo (SP)	1884	Edição única, dedicada ao segundo aniversário da morte de Luiz Gama, de 24 de agosto de 1884. Total de 1 edição, dimensões 33x24cm, com 4 páginas.
	A America: Publicação quinzenal, scientifica, litteraria, commercial, industrial e noticioso	Rio de Janeiro (RJ)	1879-1880	Do n.º 1, ano 1, de 20 de outubro de 1879, ao n.º 9, ano 1, de 20 de fevereiro de 1880. Total de 9 edições, dimensões 33x24cm, com 16 páginas cada.
	Ça Ira: Orgam do Centro Abolicionista de São Paulo	São Paulo (SP)	1882	N.º 1, ano 1, de 19 de agosto de 1882, e n.º 2, ano 1, de 23 de setembro de 1882. Total de 2 edições, dimensões 47x33cm, com 4 páginas cada.
	Cidade do Rio	Rio de Janeiro (RJ)	1887-1890, 1893, 1896-1902	Do n.º 1, ano 1, de 28 de setembro de 1887, ao n.º 87, ano 1, de 31 de dezembro de 1887; do n.º 4, ano 2, de 5 de janeiro de 1888, ao n.º 294, ano 2, de 31 de dezembro de 1888; do n.º 1, ano 3, de 2 de janeiro de 1889, ao n.º 299, de 31 de dezembro de 1889; do n.º 151, ano 4, de 5 de julho de 1890, ao n.º 219, ano 4, de 27 de setembro de 1890; do n.º 1, ano 4, de 29 de setembro de 1890, ao n.º 76, ano 4, de 31 de dezembro de 1890; do n.º 27, ano 9, de 4 de fevereiro de 1893; ao n.º 278, ano 10, de 12 de outubro de 1893; do n,º 282, ano 10, de 2 de maio de 1895, ao n.º 350, ano 10, de 9 de julho de 1895; n.º 1, ano 10, de 10 de julho de 1895;

A BIBLIOTECA E A NAÇÃO: ENTRE CATÁLOGOS, EXPOSIÇÕES, DOCUMENTOS E MEMÓRIA

Classificação pela Seção	Título	Local	Data	Descrição
Imprensa Abolicionista	Cidade do Rio	Rio de Janeiro (RJ)	1887-1890, 1893, 1896-1902	do n.º 152, ano 10, de 11 de julho de 1895, ao n.º 321, ano 10, de 31 de dezembro de 1895; do n.º 2, ano 11, de 2 de janeiro de 1896, ao n.º 209, ano 11, de 29 de julho de 1896; do n.º 300, ano 11, de 30 de julho de 1896, ao n.º 357, ano 11, de 10 de dezembro de 1896; do n.º 346, ano 11, de 11 de dezembro de 1896, ao n.º 365, ano 11, de 31 de dezembro de 1896; do n.º 1, ano 12, de 1º de janeiro de 1897, ao n.º 221, ano 12, de 30 de setembro de 1897; do n.º 4, ano 11, de 1º de outubro de 1897, ao n.º 81, ano 11, de 31 de dezembro de 1897; do n.º 82, ano 11, de 1º de janeiro de 1898, ao n.º 260, ano 11, de 1º de agosto de 1898; do n.º 291, ano 11, de 2 de agosto de 1898, ao n.º 407, ano 11, de 31 de dezembro de 1898; do n.º 1, ano 11, de 2 de janeiro de 1899, ao n.º 308, ano 12, de 30 de dezembro de 1899; do n.º 1, ano 12, de 2 de janeiro de 1900, ao n.º 230, ano 12, de 27 de setembro de 1900; do n.º 1, ano 14, de 28 de setembro de 1900, ao n.º 80, ano 14, de 31 de dezembro de 1900; do n.º 234, ano 14, de 1º de julho de 1901, ao n.º 309, ano 14, de 27 de setembro de 1901; do n.º 1, ano 15, de 28 de setembro de 1901, ao n.º 79, ano 15, de 31 de dezembro de 1901; do n.º 80, ano 15, de 2 de janeiro de 1902, ao n.º 227, ano 15, de 30 de junho de 1902. Total de aproximadamente 3.080 edições, dimensões variáveis entre 56x38cm, com aproximadamente 4 páginas cada. O jornal apresenta numeração confusa e falhas na coleção.
	A Crença: Jornal político e litterario	Rio de Janeiro (RJ)	1887	N.º 1, ano 1, de 27 de outubro de 1887, e n.º 2, ano 1, de 3 de novembro de 1887. Total de 2 edições, dimensões 32x24cm, com 12 páginas a primeira e 10 a segunda.

Classificação pela Seção	Título	Local	Data	Descrição
Imprensa Abolicionista	Dezeseis de Outubro: Homenagem á victoria da idea abolicionista	Pelotas (RS)	1884	Edição não-numerada de 16 de outubro de 1884. Total de 1 edição, dimensões 38x27cm, com 4 páginas.
	Gazeta da Tarde	Rio de Janeiro (RJ)	1880-1892, 1895-1898, 1901	Do n.º 1, ano 1, de 10 de julho de 1880, ao n.º 150, ano 1, de 31 de dezembro de 1880; do n.º 1, ano 2, de 1º de janeiro de 1881, ao n.º 280, ano 2, de 30 de novembro de 1881; do n.º 73, ano 3, de 1º de abril de 1882, ao n.º 298, ano 3, de 29 de dezembro de 1882; do n.º 12, ano 4, de 16 de janeiro de 1883, ao n.º 302, ano 4, de 28 de dezembro de 1883; do n.º 1, ano 5, de 2 de janeiro de 1884, ao n.º 304, ano 5, de 31 de dezembro de 1884; do n.º 1, ano 6, de 2 de janeiro de 1885, ao n.º 301, ano 6, de 31 de dezembro de 1885; do n.º 1, ano 7, de 2 de janeiro de 1886, ao n.º 300, ano 7, de 31 de dezembro de 1886; do n.º 1, ano 8, de 3 de janeiro de 1887, ao n.º 291, ano 8, de 31 de dezembro de 1887; do n.º 1, ano 9, de 2 de janeiro de 1888, ao n.º 299, ano 9, de 29 de dezembro de 1888; do n.º 2, ano 10, de 2 de janeiro de 1889, ao n.º 355, ano 10, de 31 de dezembro de 1889; do n.º 2, ano 11, de 2 de janeiro de 1890, ao n.º 357, ano 11, de 31 de dezembro de 1890; do n.º 1, ano 12, de 2 de janeiro de 1891, ao n.º 362, ano 12, de 31 de dezembro de 1891; do n.º 1, ano 13, de 1º de janeiro de 1892, ao n.º 251, ano 13, de 20 de setembro de 1892; do n.º 1, ano 16, de 1º de janeiro de 1895, ao n.º 359, ano 16, de 31 de dezembro de 1895; do n.º 3, ano 17, de 3 de janeiro de 1896, ao n.º 362, ano 17, de 31 de dezembro de 1896; do n.º 2, ano 18, de 2 de janeiro de 1897, ao n.º 173, ano 18, de 31 de dezembro de 1897; do n.º 1, ano 19, de 3 de janeiro de 1898, ao n.º 308, ano 19, de 31 de dezembro de 1898; do n.º 49, ano 22, de 20 de março de 1901, ao n.º 271, ano 22, de 25 de novembro de 1901.

A BIBLIOTECA E A NAÇÃO: ENTRE CATÁLOGOS, EXPOSIÇÕES, DOCUMENTOS E MEMÓRIA

Classificação pela Seção	Título	Local	Data	Descrição
	Gazeta da Tarde	Rio de Janeiro (RJ)	1880-1892, 1895-1898, 1901	Total de aproximadamente 5.170 edições, dimensões aproximadamente 47x32cm, com aproximadamente 4 páginas cada. O jornal apresenta falhas na coleção.
	A Ideia: Semanario abolicionista republicano	Recife (PE)	1885	Do n.º 1, ano 1, de 2 de janeiro de 1885 ao n.º 4, de 24 de janeiro de 1885, e n.º 6, ano 1, de 9 de fevereiro de 1885. Total de 5 edições, dimensões 33x22cm, com 4 páginas cada.
	Libertador: Orgão da Sociedade Cearense Libertadora	Fortaleza (CE)	1881-1882, 1884-1885, 1887-1889, 1891-1892	Do n.º 1, ano 1, de 1º de janeiro de 1881, ao n.º 20, ano 1, de 8 de dezembro de 1881; n.º 1, ano 2, de 2 de novembro de 1882; do n.º 58, ano 4, de 14 de março de 1884, ao n.º 264, ano 4, de 24 de dezembro de 1884; n.º 29, ano 5, de 28 de julho de 1885; do n.º 42, ano 7, de 11 de fevereiro de 1887, ao n.º 49, ano 7, de 18 de fevereiro de 1887; do n.º 351, ano 7, de 22 de dezembro de 1887, ao n.º 361, ano 7, de 31 de dezembro de 1887; do n.º 90, ano 8, de 1º de janeiro de 1888, ao n.º 99, ano 8, de 9 de abril de 1888; do n.º 11, ano 9, de 23 de maio de 1889, ao n.º 13, ano 9, de 29 de maio de 1889; do n.º 36, ano 11, de 13 de fevereiro de 1891, ao n.º 39, ano 11, de 17 de fevereiro de 1891; n.º 74, ano 11, de 2 de abril de 1891; n.º 196, ano 11, de 2 de setembro de 1891; n.º 198, ano 11, de 4 de setembro de 1891; n.º 1, ano 12, de 1º de janeiro de 1892; do n.º 33, ano 12, de 14 de fevereiro de 1892, ao n.º 60, ano 12, de 19 de março de 1892. Total de aproximadamente 270 edições, dimensões aproximadamente 31x21cm, com cerca de 4 páginas cada. O jornal apresenta falhas na coleção.
	Lincoln: Periodico do Club Gutemberg consagrado a propaganda abolicionista	Rio de Janeiro (RJ)	1883	N.º 2, ano 1, de 1º de janeiro de 1883. Total de 1 edição, dimensões 37x27cm, com 4 páginas.

Classificação pela Seção	Título	Local	Data	Descrição
	Lincoln: Orgão de propaganda abolicionista	Maceió (AL)	1884, 1888	N.º 3, ano 1, de 24 de julho de 1884; n.º 8, ano 1, de 28 de outubro de 1884; n.º 9, ano 1, de 10 de novembro de 1884; n.º 11, ano 1, de 30 de novembro de 1884; n.º 8, ano 5, de 20 de abril de 1888. Total de 5 edições, dimensões 77,5x37cm, com 1 página por edição nos exemplares de 1884, e 4 páginas na edição de 1888.
	A Onda: Orgam dos acadêmicos abolicionistas	São Paulo (SP)	1884-1885	Do n.º 1, ano 1, de 19 de julho de 1884, ao n.º 2, ano 2, de outubro de 1885. Total de 6 edições, dimensões 46x31cm, com 4 páginas cada.
	O Rebate: Orgão litterario, noticioso e abolicionista	Campos dos Goytacazes (RJ)	1884	N.º 4, ano 1, de 18 de setembro de 1884. Total de 1 edição, dimensões 36x23cm, com 4 páginas.
	O Recife: Semanario abolicionista-republicano	Recife (PE)	1888	N.º 21, ano 1, de 14 de janeiro de 1888. Total de 1 edição, dimensões 33x22cm, com 4 páginas.
	Relatorio do Club Abolicionista	Pelotas (RS)	1882	Edição não numerada de 21 de agosto de 1882. Total de 1 edição, dimensões 21x14,5cm, com 24 páginas.
	A Terra da Redempção: Orgão dos cearenses abolicionistas	Rio de Janeiro (RJ)	1883	N.º 1, ano 1, de 24 de maio de 1883; n.º 2, ano 2, de março de 1884; n.º 5, ano 3, de 25 de março de 1885 (edição comemorativa do primeiro aniversário da libertação do Ceará). Total de 3 edições, dimensões 47x33cm, com 3 páginas a primeira, 2 a segunda e 4 a terceira.
	A Vela do Jangadeiro: Periodico abolicionista	Ouro Preto (MG)	1884	N.º 7, ano 1, de 13 de julho de 1884, e n.º 10, ano 1, de 24 de agosto de 1884. Total de 2 edições, dimensões 37x28cm, com 4 páginas cada.

Classificação pela Seção	Título	Local	Data	Descrição
Imprensa Negra do Século XIX Pós-Abolição da Escravatura	Vinte e Cinco de Março: Orgão abolicionista	Campos dos Goytacazes (RJ)	1884, 1886-1888	N.º 41, ano 1, de 18 de setembro de 1884; n.º 19, ano 3, de 7 de março de 1886; n.º 20, ano 3, de 1886; n.º 72, ano 4, de 1887; n.º 20, ano 5, de 1888. Total de 5 edições, dimensões 47x33cm (com exceção da primeira, medindo 38x29cm), com 4 páginas cada.
	A Voz do Escravo: Orgão abolicionista: Publicado e dirigido por uma associação	Pelotas (RS)	1881	Do nº. 1, ano 1, de 16 de janeiro de 1881, ao n.º 5, ano 1, de 3 de abril de 1881. Total de 5 edições, dimensões 36x26cm, com 4 páginas cada.
	A Patria: Orgam dos homens de cor	São Paulo (SP)	1889-1990	N.º 2, ano 1, de 2 de agosto de 1889, e n.º 3, ano 2, de 24 de julho de 1890. Total de 2 edições, dimensões 47x33cm, com 4 páginas cada.
	O Progresso: Orgam dos homens de cor	São Paulo (SP)	1899	N.º 1, ano 1, de 24 de agosto de 1899. Total de 1 edição, dimensões 38x26cm, com 4 páginas.

Fonte: o autor, com base na ficha de candidatura do conjunto documental

A primeira observação sobre o conjunto é que grande parte das coleções possui lacunas, revelando sua incompletude, além disso, destaca-se que 18 dos 38 títulos (cerca de 47%) chegaram ao acervo da instituição por meio de doações, sobretudo de Plínio Doyle, presidente da instituição entre 1979 e 1982. Tal fato pode ser indício da precariedade do cumprimento da lei de Depósito Legal, tratando-se de publicações do Distrito Federal, já que à época era o espaço coberto pela lei ou, talvez, um indício do desconhecimento da população de sua obrigatoriedade. Também cogito que o não depósito da instituição possivelmente se dá pelo fato da maioria das publicações serem bastante artesanais e com pouca tiragem, permanecendo quase oculta até pelo conteúdo que aborda.

De fato, destaca-se que:

> O patrimônio aqui candidatado é único e insubstituível não só
> pelo que representa no sentido da memória do engajamento

> político e emancipatório da (e em torno da) população negra – e seus desdobramentos na história social, nas ciências políticas, na sociologia, etc. –, mas também pelo fato de que constituem um conjunto que só pode ser acessado através da Fundação Biblioteca Nacional. **Seu desaparecimento seria especialmente danoso para uma sociedade engajada na luta contra o racismo, bem como preocupada em estudar processos históricos cruciais para o desenvolvimento de um mundo democrático** (Biblioteca Nacional, 2018, s/p., grifo nosso).

Esse trecho revela bem que a candidatura se propõe a colaborar na luta contra o racismo e o quão o esquecimento só favorece o preconceito. Já o trecho seguinte frisa:

> Influenciaram o processo de Abolição da Escravatura décadas antes da assinatura da Lei Áurea, sinalizando o logro de pressões da sociedade civil sobre o Estado imperial. Fora isso, a visão sobre seu conjunto desponta complexidade ímpar, que na atualidade vale ser lembrada: ao mesmo tempo em que alguns desses jornais eram editados por negros, preocupados com os impactos da escravidão sobre a população negra sob um viés humanitário, outros eram editados por brancos de elite, liberais, preocupados com os desdobramentos da manutenção da economia escravocrata em relação ao posicionamento do Brasil na política e no mercado internacionais. Por razões como estas, o conjunto de periódicos aqui apresentado **constitui fonte e objeto de pesquisa incomparável**, para o mundo acadêmico e para a sociedade em geral (Biblioteca Nacional, 2018, s/p.).

Como fonte de pesquisa, os documentos ali arrolados narram as lutas das populações negras pela emancipação e fim da escravidão, trazendo o relato e pensamentos de pessoas negras sobre a situação. Por fim, pontua que:

> As imprensas negra e abolicionista são de interesse de pesquisadores de diversas áreas, ao retratarem noções oitocentistas de cidadania, a economia da escravidão, o diálogo entre as formas ideológicas em disputa pelo poder e o anseio negro por liberdade, a forma como os interesses da elite branca se articulavam com a libertação negra, a crise do sistema escravocrata ao fim do século XIX, etc (Biblioteca Nacional, 2018, s/p.).

Essa foi a última candidatura da BN nominada Memória do Mundo, sendo realizada em 2018 — no ano seguinte o comitê regional foi descontinuado —, por isso, talvez, reflita uma tendência de evidenciar as memórias subterrâneas que nos diz Pollak (1989). No jogo das disputas pelas narrativas históricas e memorialísticas, a importância de dar voz aos oprimidos se exprime nessa nominação. Revelando uma faceta da história que é sempre escondida ou camuflada: a abolição só aconteceu por conta da articulação de pessoas negras. Nesse sentido, diante da fabricação da Isabel Redentora, há um movimento anterior inconteste que lutava há meio século pelo fim da escravidão em nosso país.

> [...] essas memórias subterrâneas que prosseguem seu trabalho de subversão no silêncio e de maneira quase imperceptível afloram em momentos de crise em sobressaltos bruscos e exacerbados. A memória entra em disputa. Os objetos de pesquisa são escolhidos de preferência onde existe conflito e competição entre memórias concorrentes (Pollak, 1989, p. 2).

Nessa mesma linha segue a candidatura de Lima Barreto, já que:

> O arquivo é de grande interesse para os pesquisadores não apenas de Literatura Brasileira -- que aí encontrarão subsídios para analisar a obra de Lima Barreto e estabelecer edições críticas, além de compreender o panorama literário do Brasil nas primeiras décadas do século XX – como também para os cientistas sociais e historiadores, principalmente os que trabalham com questões ligadas às relações inter-raciais, visto ser Lima Barreto negro e de origem modesta, o que acarretou inúmeras implicações sociais e contribuindo para adiar seu reconhecimento como escritor.
>
> [...]
>
> O conjunto se refere às primeiras décadas do século XX no Rio de Janeiro, então capital do Brasil, que passava por grandes transformações arquitetônicas e cuja vida social e cultural se encontrava em ebulição. Lima Barreto, porém, não se limita a ser um cronista da vida carioca; faz críticas e comentários que vão além, apontando as mazelas do regime republicano, da forma como foi instaurado, e acompanhando eventos mundiais como a Revolução Russa e a Primeira Guerra Mundial. Assim, o Arquivo fornece valiosas fontes para o estudo desse período em toda a sua complexidade, sob o ponto de vista de um escritor negro, excluído e preterido em muitas ocasiões, que não perde ocasião de denunciar injustiças vividas e presenciadas (Biblioteca Nacional, 2017, s/p.).

Negro, alcoólatra, de família pobre, Lima Barreto expressa verdades difíceis de se engolir: o Brasil é racista e classista! Sua obra, crítica e ácida, considerada precursora do Modernismo, revela muito das mazelas que as transformações urbanas do Rio de Janeiro, enquanto capital federal, infringiram ao seu povo. Apesar de anacrônico, os traços de gentrificação e expurgo dos mais pobres para os subúrbios, já que sua morada ao Centro da cidade havia sido arrasada, seja o Morro[34] ou os cortiços.

Para além disso, o próprio Lima foi vítima do social, sendo internado no Asilo de Alienados Pedro II por conta do alcoolismo. De sua experiência na instituição, resultou duas obras inacabadas, *Cemitérios dos Vivos* e *Diário do Hospício*. Do título provocativo a um relato nu e cru do dia a dia do Asilo, Lima Barreto escreve uma memória-legado, no sentido que nos permite vislumbrar parte de seu sofrimento, mas sem perder a lucidez e astúcia que os anos de escrita o dotaram.

O acervo de Lima Barreto se insere no rol do que chamasse na literatura de arquivo pessoal, sendo entendido como conjuntos documentais que:

> [...] contêm a visão individual das experiências da vida; afastam-se, portanto, da formalidade coletiva e da organização sistêmica presentes em outros tipos de documentos. Há nos arquivos pessoais uma intimidade inexistente no sistema formalizado, coletivo e corporativo de arquivamento. [...] No caso dos arquivos de escritores, as experiências registradas no material arquivístico incluem não apenas os atos e acontecimentos concernentes ao seu trabalho, mas também suas ideias, opiniões, preconceitos e reações emocionais com relação ao circuito literário, atividades de ensino, de publicação, participação em júris e exercícios da crítica, além de toda a experiência do próprio ato de escrever (Hobbs, 2018, p. 262-263).

Assim, o arquivo de Lima Barreto revela muito de seu pensamento político e social, dos contatos estabelecidos com as pessoas, seja para edição de livros ou comentar aspectos cotidianos, para além disso, representa suas visões de mundo de um Rio de Janeiro (e Brasil) em transformação. Oliveira, Macêdo e Sobral (2017) corroboram com Hobbs (2018) ao declararem que:

> Arquivos pessoais são produtos socioculturais que constituem referenciais para a memória coletiva e para a pesquisa histórica. Esses conjuntos documentais, além de refletirem as funções desempenhadas por seu produtor e seus interlocutores, contêm vestígios do seu caráter individual, ou seja, não só possuem apenas documentos considerados "oficiais"

---

[34] Aqui, referimo-nos ao Morro do Castelo.

e públicos, mas também, por sua natureza, são fontes sobre a vida, os relacionamentos, o indivíduo e sua intimidade; em última análise, traduzem a sua identidade ou identidades.

Tal fato se repete em outros três conjuntos documentais, Arthur Ramos, custodiado pela Seção de Manuscritos, Carlos Gomes e Ernesto Nazareth, ambos da Divisão de Música e Arquivo Sonoro.

Destaca-se em Arthur Ramos a sua capacidade como fonte de pesquisa e um retrato da sociedade brasileira no século XX.

> O Arquivo Arthur Ramos é uma fonte de pesquisa fundamental em vários campos das Ciências Humanas, tais como a Etnologia e a Antropologia, bem como de algumas correntes da Psiquiatria e da Psicanálise. Os documentos se constituem num precioso testemunho, inclusive iconográfico, das teorias que então eram discutidas a respeito das relações inter-raciais, da religiosidade popular e várias outras temáticas correlatas.
>
> [...]
>
> O arquivo evoca seu tempo na medida em que fornece um panorama do que eram os estudos etnográficos no Brasil, especialmente nas décadas de 1930 e 1940, e mostra a evolução desses estudos. É especialmente importante para o estudo da cultura africana, até então extremamente marginalizada, que ganhou espaço a partir de suas observações. O arquivo inclui uma grande quantidade de cartas e trabalhos de pesquisadores e intelectuais brasileiros e estrangeiros, importantes para contextualizar as pesquisas e hipóteses de Arthur Ramos dentro das Ciências Sociais em âmbito internacional (Biblioteca Nacional, 2016a, s/p.).

Portanto, Arthur Ramos é um dos primeiros etnógrafos brasileiros e seu acervo se insere no período de estabelecimento, por Vargas, de uma política cultural que buscava definir o que é o "brasileiro", nesse sentido, mobiliza modernistas, como Mário de Andrade, folcloristas, como Edison Carneiro, historiadores, como Sérgio Buarque de Holanda, etnógrafos, a exemplo de Arthur Ramos, e uma gama de pensadores para imaginar o Brasil e sua gente.

De fato, de forma incisiva os arquivos de Lima Barreto e Arthur Ramos, para além de eternizarem os personagens, cristalizam momentos da memória brasileira, Lima Barreto, com os primeiros decênios do século XX, e Arthur Ramos na sociedade após a Revolução de 1930, ambos momentos significativos na história do país.

Já os conjuntos documentais de Carlos Gomes e Ernesto Nazareth nominados Memória do Mundo nada trazem de aspectos cotidianos ou pessoais dos compositores, mas são fruto de sua atividade e evidenciam o seu relvo para a música brasileira.

O primeiro, de Carlos Gomes, pertencia ao Museu Imperial e foi doado à Biblioteca Nacional por seu diretor à época, Lourenço Luiz Lacombe, entender que a instituição era local adequado para o conjunto documental. A justificativa principal apresentada à sua candidatura foi de que:

> [...] ao contrário de muitos documentos importantes para a nossa história, este conjunto não é conhecido apenas pela comunidade acadêmica, mas por grande parte da população, uma vez que é mencionado em muitas publicações e artigos científicos, o que reforça seu valor simbólico na memória coletiva dos brasileiros. Além disso, Carlos Gomes é indiscutivelmente o mais importante compositor de óperas não europeu, opinião que representa unanimidade da música e da musicologia internacional, documentada durante décadas (Biblioteca Nacional, 2009, s/p.).

Tratando-se de um conjunto de originais de óperas do compositor, é evidenciado no formulário o apelo à memória coletiva, o papel de semióforo que aquele conjunto documental representa, sendo o acervo do "mais importante compositor de óperas não europeu".

O acervo de Ernesto Nazareth segue a mesma linha:

> Manuscritos Musicais do compositor Ernesto Nazareth (1863-1934), constitui um conjunto documental de grande importância musical e, reconhecido pelo seu caráter único, por se tratar de autógrafos.
>
> Segundo Mozart de Araújo, a posição de Ernesto Nazareth na história da música brasileira é da maior importância porque ele foi o fixador, de formas melódicas, de esquemas harmônicos e de células rítmicas que se tornaram representativas da musicalidade nacional. Foi esse o segredo que tornou Nazareth a figura máxima da música popular no Brasil, músico e compositor representativo da sua terra, de música da sua terra, de ser um músico brasileiro.
>
> [...]
>
> Uma das características mais fortes da sua criação musical, que consistia em mesclar as danças de origem europeia com elementos e motivos rítmicos da música brasileira, como o

lundu, o batuque qualifica o compositor como o pioneiro no processo de nacionalização da música brasileira de salão (Biblioteca Nacional, 2013, s/p.).

Se, por um lado, exalta-se em Carlos Gomes o fazer europeu (óperas) longe da Europa, com Ernesto Nazareth a posição de relevo se faz pela capacidade de fazer da música europeia uma música brasileira, ao lhe dar tons e notas característicos do país, sendo o batuque a marcação mais importante.

O restante dos acervos nominados Memória do Mundo nos permitem uma leitura acurada sobre a construção de uma narrativa nacional, sendo nossa opção metodológica apresentá-los em ordem cronológica, aliando os fatos à história do país.

O Atlas e mapa do cartógrafo Miguel Antônio Ciera evidenciam a construção dos limites históricos brasileiros, forjando uma ancestralidade à noção do Brasil no sentido em que conhecemos hoje, sobretudo pela vastidão de seu território, trazendo a primeira visão sobre a bacia do Rio da Prata e seus afluentes.

> A cartografia do século XVIII não é mais uma "cartografia de marear" dos descobrimentos dos séculos XVI e XVII, ou dos "riscos dos mineiros", na afirmação famosa de Alexandre de Gusmão. A cartografia do século XVIII tem caráter científico, tomando grande impulso com a demarcação de fronteiras do Tratado de Madri, quando foram contratados técnicos (engenheiros militares, astrônomos cartógrafos, desenhistas e auxiliares) e também foram importados instrumentos científicos e literatura para a medição dos territórios. Miguel Antônio Ciera teve grande participação no levantamento territorial e na produção cartográfica.
>
> [...]
>
> Este trabalho cartográfico é considerado a primeira representação da Região Sul da América Meridional. Ciera procurou dar conhecimento, ao rei de Portugal, do território – tanto das partes portuguesa e espanhola, assim como da demarcação de fronteiras, através de cartas, contendo as coordenadas geográficas, intercaladas de vistas e desenhos iconográficos (Biblioteca Nacional, 2012, s/p.).

Dessa forma, percebemos o início do inventário territorial brasileiro, evidenciando suas fronteiras e organização territorial. Tal conjunto documental se relaciona a outro também nominado Memória do Mundo, o da Coleção Alexandre Rodrigues Ferreira.

De fato, o século XVIII e XIX é marcado pela inventariação do mundo. Se os territórios do globo já haviam sido localizados, era hora de mapeá-los e produzir conhecimento a partir deles, mas não apenas isso, seria o momento de se inventariar a sua flora e fauna, conhecer o que o Novo Mundo tem a oferecer ao Velho, explorar as riquezas das Colônias sob o viés científico, justamente por isso, inúmeras missões científicas são criadas e viajam o interior do Brasil e a das Américas, desbravando suas florestas e conhecendo sua população[35]. Nesse sentido, o acervo de Alexandre Rodrigues Ferreira é exemplar.

> A expedição comandada por Alexandre Rodrigues Ferreira deveria ser composta por quatro naturalistas, mas, por escassez de recursos, ele foi o único. Havia também um jardineiro botânico, Agostinho do Cabo, e dois riscadores (desenhistas), Joaquim José Codina e José Joaquim Freire, além de outros auxiliares. Com poucos recursos materiais e barcos precários, o grupo percorreu quase 40.000 quilômetros no interior da América portuguesa, coletando espécimes e registrando suas impressões. O resultado foi um vasto acervo, composto de diários, mapas populacionais e agrícolas – relativos tanto às espécimes nativas como a culturas introduzidas na região, como o índigo, o cacau e o café –, relatórios sobre as vilas e sua capacidade de defesa e memórias sobre Zoologia, Botânica e Antropologia. Além disso, os desenhistas produziram importantes registros iconográficos, relativos à fauna, flora, tipos humanos, utensílios e ainda a arquitetura de vilas e cidades no Norte do Brasil (Biblioteca Nacional, 2010, s/p.).

Dessa forma, o censo e o mapa (Anderson, 2008) estão representados nas nominações, servindo de semióforo do Nação (Chauí, 2000), representando os primeiros contornos do Brasil e dos brasileiros, antes mesmo da criação, de fato, do país e da Nação.

O próximo item em nossa lista é considerado por muitos estudiosos a certidão de nascimento do Brasil (Estado), pois considera-se a Carta de Abertura dos Portos a independência antes da Independência. "A Carta de Abertura dos Portos é o que se pode chamar um documento emblemático, que sintetiza as mudanças trazidas pelas guerras napoleônicas ao panorama mundial, tanto no plano da Europa como na América colonial" (Biblioteca Nacional, 2008, s/p.), modificando de forma irremediável a relação da Metrópole portuguesa com a sua principal e maior Colônia, o Brasil.

---

[35] Não nos ateremos às ações violentas impetradas contra os povos originários da América, mas é importante destacar que boa parte disso é consequência dessas expedições que, se diretamente não intentavam matar ou subjugar populações, indiretamente as afetavam com doenças, por exemplo.

> As mudanças acarretadas por essa medida nos levam a considerar a Carta de Abertura dos Portos como uma espécie de marco do fim do período colonial, na medida em que extinguiu, de fato, o monopólio, ou exclusivo comercial, que caracterizava fundamentalmente a relação do Brasil com a metrópole portuguesa. Lembramos ainda que, ao contrário de muitos documentos importantes para a nossa história, este não é conhecido apenas pela comunidade acadêmica, mas por grande parte da população, uma vez que é mencionado em livros didáticos desde o Ensino Fundamental, o que reforça seu valor simbólico na memória coletiva dos brasileiros. Internacionalmente, também, o mesmo documento marca o começo de relações comerciais diretas entre o Brasil e vários outros países (Biblioteca Nacional, 2008, s/p.).

A Carta é, portanto, o semióforo mór na construção de uma ideia de Brasil independente, cuja autonomia não dependia mais de Portugal. Importante observar, também, que a nominação ocorre em um ano simbólico: 2008, momento em que se completava 200 anos da efeméride e envolto nas comemorações do bicentenário de chegada da Família Real ao Brasil. Ao semióforo se dá a chancela de Memória do Mundo, reafirmando o seu poder frente ao imaginário social e à construção da memória coletiva brasileira.

Na esteira dos acontecimentos de relevo para o país, chegamos ao conjunto documental nomeado Cartas Andradinas[36]. O conjunto de 69 cartas foi enviado entre os anos de 1824 e 1833 e narram os bastidores do exílio de José Bonifácio, patriarca da Independência, e as suas impressões sobre os rumos do Brasil como país independente após o 7 de setembro de 1922.

---

[36] Chamam-se de cartas Andradinas, pois a correspondência envolve: "- José Bonifácio foi uma figura-chave no movimento de Independência e deixou um legado riquíssimo que inclui memórias científicas, tratados políticos, poemas e cartas.
- Antonio Carlos foi um dos líderes do 'movimento da maioridade' de D. Pedro e Ministro do Império, que ficou conhecido por seu ímpeto e mordacidade, principalmente na época da Constituinte.
- Martim Francisco foi por duas vezes Presidente da Câmara dos Deputados. Passou à História como um orador talentoso e um espírito inquebrantável.
Quanto ao destinatário das cartas: embora não seja tão conhecido do público em geral quanto seus interlocutores, Antonio de Menezes Vasconcelos de Drummond (1794-1865) desempenhou um papel importante na história do Brasil. Envolvido desde cedo com política, publicava o jornal crítico Tamoyo, alinhado com a política dos Andradas. Quando o ministério de que participavam os irmãos foi dissolvido, Drummond, como seu correligionário, foi perseguido e exilado. Voltou ao Brasil em 1829. Pouco tempo depois, entrou para a carreira diplomática, foi nomeado encarregado de negócios interinos e cônsul geral na Prússia. De lá foi transferido para a Itália e atuou em várias questões relativas à política externa do Brasil. Por fim, tornou-se ministro plenipotenciário em Portugal, aposentando-se em 1862. Sua contribuição para a história e a historiografia do Brasil foi extremamente relevante, já que, segundo José Honório Rodrigues, ele não apenas deixou várias memórias, mas foi também um dos poucos diplomatas a trazer da Europa documentos referentes ao país" (Biblioteca Nacional, 2014, s/p.).

> O conjunto é de extremo interesse para o pesquisador, destacando-se as cartas escritas por José Bonifácio, pois fornecem um retrato em cores vivas do que foram seus dias no exílio na França e oferecem uma rica visão de suas reações a propósito dos acontecimentos políticos no Brasil, dos quais se via afastado contra a vontade.
>
> Mais do que em suas "memórias" e outros escritos, o fato de estar se dirigindo a um amigo permite enxergar, nessa correspondência, não apenas a persona política e o estudioso, mas, sobretudo, o homem que conhecemos como um dos vultos mais proeminentes da história brasileira (Biblioteca Nacional, 2014a, s/p.).

As cartas revelam aspectos da memória política do país e de um dos seus maiores expoentes, mesmo sob o viés de sua intimidade, na troca com amigos e familiares.

Novamente, um conjunto documental volta sua atenção à região cisplatina, dessa vez com o conjunto documental sobre a Guerra do Paraguai, nomeado A Guerra da Tríplice Aliança: representações iconográficas e cartográficas.

> Os documentos aqui apresentados refletem as interpretações desenvolvidas pelos participantes deste conflito sobre o território e a sua morfologia; acentuando um espaço geográfico de reconhecida importância na dinâmica política, econômica e demográfica da América Latina – a bacia hidrográfica do rio Paraná-Paraguai. O encontro dos rios Paraná, Uruguai e Paraguai, que traçaram fronteiras naturais numa região contaminada por disputas políticas, foi um caminho privilegiado para o interior do continente; essencial para a circulação da população, bens e ideias dentro de Estados que só recentemente ganharam autonomia. A exigência de utilização gratuita desta estrada fluvial e o impacto nos países ribeirinhos foi um dos vetores que originou a crise.
>
> [...]
>
> A longa batalha travada pela Argentina, Brasil e Uruguai contra o Paraguai acentua os problemas enfrentados por esses Estados na construção de sua identidade. A participação dos escravos no conflito é um aspecto que merece atenção. No caso dos negros brasileiros (até então escravos) ingressaram no Exército e na Marinha. Foi criado um novo corpo, os Voluntários da Pátria, que possibilitou o emprego da população das diversas Províncias brasileiras. A movimentação das tropas e a fuga da população das zonas onde ocorriam

os combates promoveram uma mudança demográfica, não só nelas, mas também no centro dos Estados envolvidos[37] (Biblioteca Nacional, 2014b, s/p., tradução nossa).

De fato, a Guerra do Paraguai é o maior conflito ocorrido na América do Sul, com repercussões serveras ainda hoje, havendo disputas inclusive no campo da memória. Podemos citar o caso do canhão El Cristiano, espólio de guerra hoje custodiado pelo Museu Histórico Nacional (MHN), situado no Rio de Janeiro, mas que é centro de uma disputa que envolve questões legais sobre a repatriação de bens.

Por haver toda uma simbologia atrelada à forja do canhão, as autoridades paraguaias há décadas tentam reaver esse item. Contudo, pelo lado brasileiro, há resistência em ceder um espólio de guerra, pois poderia implicar em outras reinvindicações, além da questão legal de que todo o acervo do Museu Histórico Nacional é tombado pelo Instituto do Patrimônio Histórico e Artístico Nacional (Iphan), que, caso o Brasil concordasse com a repatriação acarretaria outro entrave burocrático, o destombamento de itens considerados patrimônio nacionais.

Fato é que o conflito com o Paraguai alterou os rumos do Império, mesmo vencedor do conflito, o governo brasileiro contraiu dívidas enormes e teve que lidar com inúmeras questões político-sociais derivadas da Guerra, como o que fazer com as populações de pessoas negras que foram alforriadas por sua luta no conflito? Como honrar os pagamentos prometidos aos cidadãos que lutaram? Como sanar os problemas financeiros sem onerar mais ainda as contas?

Problemas esses que são somados a inúmeros outros redundaram, anos depois, no golpe da República, com a sua Proclamação em 15 de novembro de 1889 por Deodoro da Fonseca.

---

[37] "The documents here presented reflect the interpretations developed by the participants of this conflict on the territory and its morphology; accentuating a geographic space of recognized importance in the political, economic and demographic dynamics within Latin America – the Paraná-Paraguay river basin. The meeting of the rivers Paraná, Uruguay and Paraguay, that designed natural frontiers in a region contaminated by political disputes, was a privileged path to the interior of the continent; essential for the movement of the population, goods and ideas within states that only recently had gained autonomy. The demand for the free usage of this fluvial road and the impact on the countries along the banks was one of the vectors that brought about the crisis.
[...]
The long battle fought by Argentina, Brazil and Uruguay against Paraguay, accentuates the problems faced by these states in the construction of their identity. The participation of slaves in the conflict is an aspect that merits attention. In the case of Brazillian negroes (up to then slaves) entered the Army and Navy. A new corps, the Voluntários da Pátria, was created that enabled the employment of the population from the various Brazilian Provinces. The movement of the troops and the fleeing of the population from those areas where combat were taking place promoted a demographic change, not only in those areas where conflict was taking place but also in the centre of the states involved".

Pedro II, o imperador deposto, e sua família são exilados e proibidos de voltar ao país[38], mas com a sua morte em 1891 deixa como legado ao país e às suas instituições a sua coleção de livros, fotos e demais documentos. O conjunto nominado Memória do Mundo se refere às fotografias, sendo o primeiro acervo da BN a receber a chancela, no ano de 2004.

O acervo custodiado pela Seção de Iconografia foi acumulado pelo próprio imperador. Fato curioso é que ele é considerado o primeiro fotógrafo brasileiro, uma vez que foi o primeiro nacional e uma das primeiras pessoas do mundo a ter uma câmera. Sua coleção também será enriquecida por doações e presentes de amigos e admiradores.

> Não são apenas fotografias de membros da família, da corte e acontecimentos quotidianos, mas, dados os amplos interesses do Imperador, a coleção inclui fotografias que registam todos os aspectos da vida do século XIX. As fotografias da coleção Thereza Christina Maria foram compradas ou recebidas como presente.
>
> [...]
>
> A época de formação do acervo foi o século XIX, sendo o maior acervo fotográfico constituído por um chefe de governo naquele século, no período imediatamente posterior à descoberta da fotografia. No acervo encontram-se exemplos dos diferentes usos e funções que se foram desenvolvendo neste novo meio de documentação, representação e expressão. Nesse sentido, a coleção também reflete e atesta a grande diversidade de interesses do Imperador Dom Pedro II, homem intimamente ligado às vanguardas de sua época nas artes e nas ciências[39] (Biblioteca Nacional, 2004, s/p., tradução nossa).

Nesse sentido, em um primeiro momento a coleção é a expressão de gostos e desejos do Imperador, mas, por outro, é um retrato da sociedade em que ele está imerso, da corte imperial brasileira nos oitocentos. Uma

---

[38] Tal situação só muda em 1922, quando Epitácio Pessoa revoga o decreto e o Conde D'Eu pode traslar os restos mortais da imperatriz e do imperador para o país.

[39] "They are not only photographs of family members, courtiers and everyday events, but, given the wide-ranging interests of the Emperor, the collection includes photographs recording every aspect of nineteenth-century life. The photographs in the Thereza Christina Maria collection were bought or received as gifts.
[...]
The time in which the collection was formed was the nineteenth century, and it is the largest photographic collection constituted by a head of government in that century, in the period immediately following the discovery of photography. There are examples in the collection of the different uses and functions which were developing in this new means of documentation, representation and expression. In this sense, the collection also reflects and testifies to the great diversity of interests of Emperor Dom Pedro II, a man closely linked to the avant-garde of his time in the arts and sciences".

fonte para a memória social e que narra boa parte da trajetória do monarca, sua família e amigos, suas viagens, sua intimidade, mas a figura do homem público, tudo isso representado pelo documento.

Por fim, o conjunto documental mais diversos é o das Matrizes de gravura da Casa Literária do Arco do Cego:

> A Casa Literária do Arco do Cego, importante empreendimento editorial em Portugal dirigido pelo botânico brasileiro Frei José Mariano da Conceição Veloso (1742-1811), foi o mais ambicioso projeto de divulgação científica e cultural dos setecentos português, ocorrido no final do 'século das luzes'.
>
> Idealizada pelo ministro de Estado português d. Rodrigo de Sousa Coutinho (1755-1812) e pelo botânico brasileiro, visava à produção de obras impressas que pudessem contribuir para o progresso e o fortalecimento do Brasil enquanto colônia portuguesa, especialmente no campo agrícola (Biblioteca Nacional, 2016b, s/p.).

Consideramos o conjunto diversos pois, apesar de divulgar, em boa parte a flora e fauna brasileiros, seu elemento identitário remete muito mais ao papel de Colônia portuguesa do que de uma identidade nacional, diferentemente do conjunto documental de Ciero e de Alexandre Rodrigues Ferreira. Contudo, ao considerarmos o propósito da nominação como Memória do Mundo, concordamos com a relevância do conjunto documental e sua unicidade, além de ter sido um dos meios de divulgação para aprendizado e estudo da flora e fauna brasileira.

Por fim, devemos observar que alguns dos conjuntos documentais são frutos de iniciativas interinstitucionais[40] de valorização dos acervos. Fato é que a Coleção Memória Nacional não é iniciativa una, ela se divide entre todas as instituições responsáveis pela memória da Nação. Sendo assim, é natural que haja uma articulação institucional de tais lugares de memória para a formação de uma narrativa (discurso) de memória coletiva nacional.

---

[40] Exemplo de acervo nominados de instituições que propuseram em conjunto com a Biblioteca Nacional são o da A Guerra da Tríplice Aliança: representações iconográficas e cartográficas, cuja nominação é fruto de candidatura do: a) Arquivo Histórico do Exército (AHEx) – Comando do Exército (Brasil); b) Arquivo Histórico (AHI) e Mapoteca Histórica do Itamaraty (MHI) – Ministério das Relações Exteriores (Brasil); c) Arquivo Nacional (AN) – (Brasil); d) Diretoria do Patrimônio Histórico e Documentação da Marinha (DPHDM) – Comando da Marinha (Brasil); e) Fundação Biblioteca Nacional (FBN) (Brasil); f) Museu Histórico Nacional (Brasil); g) Museu Imperial (MI) (Brasil); h) Museu Nacional de Belas Artes (MNBA) (Brasil); i) Museu Histórico del Uruguay (Uruguay); j) Instituto Histórico e Geográfico Brasileiro (IHGB) (Brasil).

4

PARA ALÉM DOS ARCAZES: OS ANAIS E A HISTÓRIA DO BRASIL

Os Anais da Biblioteca Nacional foram criados em 1876 sob a premissa de ser uma "[...] revista periodica onde deverão ser publicados os manuscriptos interessantes da Bibliotheca, e trabalhos bibliographicos de merecimento, compostos pelos empregados da repartição, ou por individuos estranhos a ella" (Brasil, 1876, p. 1).

De fato, desde o primeiro instante, os sumários dos Anais nos revelam a preocupação com os estudos bibliográficos e bibliológicos[41] dos documentos, seja na construção de fontes de informação, seja na análise do conteúdo e forma dos documentos. A "Advertencia Preliminar" do primeiro volume da publicação nos diz que:

> Satisfazendo ao preceito da lei e ao mesmo tempo a uma das mais legitimas necessidades da Bibliotheca Nacional do Rio de Janeiro, sáe hoje a público o 1º fasciculo de seos Annaes.
>
> Trabalho sem precedentes no paiz, e dedicação á publicação de nossas riquezas litterarias, que até agora viveram sepultadas no exquecimento e ignoradas, já se não diz do mundo d'além mar ainda dos proprios nacionaes, – é de crêr-se que este commettimento encontre a animação e a benevolencia, a que tem direito pelo seu objecto e pela sua intenção.
>
> Valiosamente auxiliado pelos dignos chefes de secção e mais empregados da Bibliotheca, desejo inserir nesta publicação: **os nossos ineditos mais preciosos, noticia assim dos livros raros e altamente estimaveis que povôam as nossas estantes, como das peças mais curiosas que compõem nosso gabinete de estampas, trabalhos biobibliographicos sôbre os mais celebres escriptores e amadores nacionaes,** – emfim tudo que interesse não só á bibliographia em geral, mas ainda, e em particular, á bibliographia brazileira, que até hoje ainda não teve sinão raros cultores e

---

[41] Diz-se "[...] história crítica dos livros, incluindo a sua origem, tema, tinta e forma interior e exterior, sua divisão em manuscritos, impressos e eletrônicos" (Faria; Pericão, 2008, p. 98).

registros incompletos (Ramiz Galvão, 1876-1877, p. VII-VIII, grifos nossos).

Sobressai, na citação, que a intenção é a construção de uma fonte de pesquisa, divulgando o acervo da Nacional para todos os interessados, tendo como fio condutor, o trabalho realizado pelos seus funcionários. Assim, os Anais sempre foram povoados de inventários, catálogos, estudos sobre documentos manuscritos e livros, além de estudos biobibliográficos sobre personagens de relevo na história do país.

O sumário do número inaugural é exemplar, já que evidencia conteúdos bem diversos, mas sempre voltado à promoção do acervo da instituição e à causa da Nação. É singular, por exemplo, que o primeiro trabalho seja justamente um estudo, de autoria do diretor da instituição à época, Ramiz Galvão, sobre Diogo Barbosa Machado.

> É de justiça que os *Annaes da Bibliotheca Nacional* comecem por uma homenagem ao illustre e distinctissimo bibliographo, que tão bons serviços prestou ás lettras portuguezas, e a quem devemos os brazileiros a mais escolhida collecção de livros raros e preciosos de nossa primeira bibliotheca.
>
> Compete-nos a nós este dever porque fomos os herdiros, e somos hoje os legitimos possuidores dos thesouros bibliographicos d'aquelle famoso collector; portanto só d'aqui pode partir uma homenagem conscienciosa, filha do exame de seus livros e inspirada pelos documentos autographos e authenticos, que vieram ter á nossa interessante secção de manuscriptos (Ramiz Galvão, 1876, p. 1, grifo do autor).

A obra sobre Diogo Barbosa Machado se estende por mais 3 exemplares dos Anais, conforme alertado por Ramiz Galvão, este a dividiria em 3 partes: "I. Diogo Barbosa Machado e seus escriptos. II. Sua Bibliotheca. III. Catalogo de suas collecções facticias" (Ramiz Galvão, 1876, p. 2). O volume 1 apresenta as duas primeiras partes, enquanto a parte III divide-se entre os volumes 2, 3 e 8. O item um é uma biografia; o dois é uma análise de sua biblioteca e seu conteúdo de forma quantitativa e qualitativa a partir de seus documentos manuscritos; já o terceiro item é o catálogo propriamente dito da biblioteca com uma análise bibliográfica.

. Vale destacar que na fala de Ramiz Galvão (1876, p. 2) louva-se as origens da coleção, dignificando o mito fundador institucional, mas se firma posição ao declarar que o patrimônio é brasileiro, ao descrever como

"[...] legitimos possuidores dos thesouros bibliographicos d'aquelle famoso collector".

O restante do sumário nos revela muito do projeto arquitetado para os Anais, já que traz documentos sobre importantes figuras da história do país, como Padre José de Ancheita, Alexandre Rodrigues Ferreira, Inocêncio Francisco da Silva e Cláudio Manoel da Costa, e arrola estudos sobre a coleção Camoneana e a Bíblia de Mogúncia, trazendo, ainda, estudos sobre a bibliografia brasileira. O sumário completo se desenha da seguinte maneira:

Advertencia Preliminar

Diogo Barbosa Machado

P.e José de Anchieta (Chartas ineditas)

A Collecção Camoneana da Bibliotheca Nacional

Alexandre Rodrigues Ferreira (Noticia das obras manuscriptas e ineditas relativas á viagem philosophica do Dr. A. R. Ferreira pela capitanias do Grão Pará, Rio Negro, Matto-Grosso e Cuyabá. (1783-92)

Um Paleotypo Hispanhol

Dos Nigellos

Galeria dos Bibliothecarios da Bibliotheca Nacional do Rio de Janeiro

Innocencio Francisco da Silva

Variedades

C. M. de La Condamine (Charta autographa e inedita)

Relação dos mapas, chartas, planos, plantas e perspectivas geographicas, relativas á America Meridional, que se conservam na secção de mss. da Bibliotheca Nacional do Rio de Janeiro

A Biblia de Moguncia. 1462

Bibliographia Brazilica (Estudos)

Iconographia. Noel Garnier. Cinco estampas ainda não descriptas (Addições a Robert-Dumesnil)

Claudio Manuel da Costa (Estudo) (Anais da Biblioteca Nacional, 1876, [Sumário]).

Lygia da Fonseca Fernandes da Cunha, em 1990, no âmbito da exposição "Biblioteca Nacional: Memória e Informação", declara:

> É, graças à determinação do Diretor Ramiz Galvão, incluída no Regulamento da Biblioteca, que se inicia a divulgação dos acervos acumulados nas estantes e arcazes da então cinqüentenária Instituição.
>
> Desta data em diante a publicação vem, anualmente, levando ao conhecimento do público interessado e pesquisadores nacionais e estrangeiros, estudos baseados nas peças raras, únicas e preciosas sob a guarda das várias Divisões que compõem a Biblioteca Nacional.
>
> Os Anais da Biblioteca Nacional constituem inestimável repositório para os que se dedicam à pesquisa (Cunha, 1990, p. 11-12).

Chama-nos a atenção a caracterização dos Anais como uma fonte de informação, um repositório de informações. Ronaldo Menegaz (1990, p. 10), no mesmo catálogo observa:

> Quantos documentos do maior interesse para nossa História, para a da comunidade de língua portuguesa e mesmo para a Civilização estariam praticamente desconhecidos do grande público, tivesse-os a Biblioteca Nacional apenas guardado avaramente sem os trazer a lume por meio de suas publicações? Basta lembrar que a História do Brasil, de Frei Vicente do Salvador, concluída em 1627, segundo o ilustre historiador Capistrano de Abreu, só pôde ser integralmente conhecida através de sua publicação no volume 13 dos Anais da Biblioteca Nacional, no ano de 1888.

Assim, antes de avançarmos em nossas discussões, é importante perceber a função dos Anais em um contexto institucional. Faria e Pericão (2008, p. 50, grifos nossos) o definem como:

> [...] **publicação periódica que contém atas, documentos e diversas peças relativas a um acontecimento.** Relação de fatos segundo a ordem dos anos em que os mesmos ocorreram. O uso deste termo data da Roma antiga. Distingue-se de anuários porque este contém resumos ou relatos anuais e é publicado em períodos de um ano. Em astronomia, compilação das observações feitas no decurso de vários anos. Neste sentido, é um termo que data dos tempos dos caldeus.

Já Cunha e Cavalcanti (2008, p. 13, grifos nossos) definem Anais como:

A BIBLIOTECA E A NAÇÃO: ENTRE CATÁLOGOS, EXPOSIÇÕES, DOCUMENTOS E MEMÓRIA

> **1. Tipo de publicação periódica, que relata eventos acontecidos durante o ano, transações de uma organização,** especialmente das áreas científicas e tecnológicas, ou o progresso em áreas especializadas do conhecimento. <=> almanaque, anuário. 2. O registro de eventos, em ordem alfabética. 3. Em sua acepção mais antiga, obra anual que relaciona fatos históricos em ordem cronológica.

De fato, os Anais são um meio de publicar os trabalhos realizados por uma instituição ao longo de um ano, sendo um retrato de suas ações. Não nos espanta, nesse sentido, que boa parte dos trabalhos publicados sejam inventários, catálogos, índices ou bibliografias dos mais variados itens que compõem da instituição. Mas, apesar da aparente sinonímia entre os termos, todos esses tipos de fontes de informação têm propósitos e arranjos diferenciados (Quadro 5).

Quadro 5 – Definições de bibliografia, catálogo, índice e inventário

TERMO	DEFINIÇÃO
Bibliografia	1. "Ramo da bibliologia - ou ciência do livro - que consiste na pesquisa de textos impressos ou multigrafados para indicá-los, descrevê-los e classificá-los com a finalidade de estabelecer instrumentos (de busca) e organizar serviços apropriados a facilitar o trabalho intelectual. Quatro operações se destacam em uma ordem lógica: pesquisa, indicação, descrição e classificação; elas dão origem ao repertório bibliográfico ou bibliografia. O mesmo termo designa a preparação e o objeto resultante" (malm, p. 7-8). <=> bibliologia. 2. Produção sistemática de listas descritivas de registros do conhecimento, principalmente livros, artigos de periódicos e capítulos de livros, bem como de itens similares (baseado em kum, p. 1-2); guia (2)." (Cunha; Cavalcanti, 2008, p. 46). "[...] como produto, documento secundário, que apresenta uma lista de referências bibliográficas segundo uma ordem específica e contendo elementos descritivos de documentos, de modo a permitir a sua identificação, Pode apresentar-se como um livro autônomo, mas em geral é uma seção dos sacramentários e pontificais. Pode apresentar-se quer sob a forma de um documento autônomo, repertório bibliográfico, quer sob a forma de um documento ou parte de um documento" (Faria; Pericão, 2008, p. 95).

Catálogo	catálogo catalog bib 1. "Documento secundário que registra e descreve documentos (itens, reunidos permanentemente ou temporariamente" (ISO 5127) catálogo (bib), catálogo (arq). 2. Lista ordenada dos itens existentes numa coleção pública ou particular. 3. "Documento que relaciona de forma metódica, localizando-os, pessoas, coisas ou itens de uma coleção" (abnt49)" (Cunha; Cavalcanti, 2008, p. 71). "[...] documento secundário que apresenta e descreve documentos reunidos permanente ou temporariamente. [...] Conjunto ordenado de entradas respeitantes a uma coleção ou a coleções de livros e de outros documentos. Lista de livros confinadas à existência de uma biblioteca ou coleção particular, cujo objetivo é funcionar como uma chave de acesso para o fundo bibliográfico. Memória, inventário ou lista descritiva ordenada por nomes de pessoas, objetos, documentos ou acontecimentos" (Faria; Pericão, 2008, p. 146).
Índice	"1.1 Mecanismo, tipo de fonte de informação e instrumento auxiliar empregado na busca, localização e recuperação de documentos, informações ou dados numéricos. 1.2 Relação, fichário ou arquivo de termos ou de indicadores que levam ao documento e à informação. [...] 1.4 Roteiro ordenado, alfabético, numérico ou sistemático dos itens de uma coleção" (Cunha; Cavalcanti, 2008, p. 197).
Inventário	1. Documento que relaciona e descreve, entre outros, bens patrimoniais, mercadorias, itens de arquivos. [...] 1. Instrumento de pesquisa que fornece a descrição, mais ou menos minuciosa, de um ou mais fundos, ou de peças que os compõem; catálogo sumário. <=> catálogo (arq). 2. Lista descritiva de documentos de cada série, com dados referentes a título, datas inclusivas, quantidade, arranjo, relação com outras séries e indicação do conteúdo (Cunha; Cavalcanti, 2008, p. 214). [...] instrumento de pesquisa que oferece uma enumeração descritiva mais ou menos detalhada dos dossiês ou das peças que compõem um ou mais fundos de arquivos ou séries, freqüentemente completada por uma história da instituição que o produziu e dos seus arquivos, pela exposição dos princípios de classificação utilizados e por um índice. Segundo o grau de detalhe de informações que fornece, um inventário pode ser analítico (registro, catálogo), descritivo (repertório), seletivo ou provisório (Faria; Pericão, 2008, p. 415).

Fonte: o autor

Quando nos deparamos, portanto, com essa organização nos Anais, estamos lidando com a construção de fontes de informação sobre diferentes tipos documentais. Adota-se, portanto, bibliografias e catálogos para documentos bibliográficos, tais como livros e periódicos, já inventário para documentos manuscritos, arquivos e arquivos privados. Já o índice é um mecanismo de recuperação por assunto.

Podemos citar inúmeros exemplos de cada um dos tipos de organização do acervo presentes nos Anais (Quadro 6), a relação completa encontra-se no Apêndice A. Fato é que boa parte dos exemplos por nós trazidos exprimem o compromisso da Nacional com a história e memória do país, criando fontes de pesquisa sobre os mais variados momentos e personagens de nossa história, seja um político ou literato, transparece-se a missão institucional de forma latente, bem como ao que se propõe a publicação dos Anais.

Devemos destacar, também, as inúmeras pesquisas realizadas no exterior e que se constituíram em fontes de informação para o país, no Quadro 6, podemos vislumbrar o "Inventario dos documentos relativos ao Brasil existentes no Archivo de Marinha e Ultramar" e "Inventário dos documentos relativos ao Brasil, existentes na Biblioteca Nacional de Lisboa".

Quadro 6 – Exemplos de publicações de bibliografias, catálogos, índices e inventários

Tipo	Título	Volume
Bibliografia	Bibliographia da língua tupi	8
	Alexandre Rodrigues Ferreira: catálogo de manuscritos e bibliografia	72
	Antônio Gonçalves Dias: catálogo de manuscritos e bibliografia	72
	Bibliografia Geográfica Brasileira (A a Z)	77
	Bibliografia Do Conto Brasileiro: 1841-1967: Tomo II - M-Z	87
	Inconfidência Mineira: bibliografia	112
	Bibliografia de viajantes	122

Catálogo	Catalogo dos manuscriptos da Bibliotheca Nacional do Rio de Janeiro	4, 5, 10, 15, 16, 18, 23
	Secção de Impressos e Cartas Geographicas: Catalogo	11
	Secção de Manuscriptos: Catalogo	11
	Secção de Estampas: Catalogo	11
	Numismatica: Catalogo	11
	Catalogo dos retratos colligidos por Diogo Barbosa Machado	18, 20, 21, 26
Índice	Secção de Impressos e Cartas Geographicas: Indices	11
	Secção de Manuscriptos: Indice	11
	Secção de Estampas: Indices	11
	Numismatica: Indice	11
	Índices de documentos relativos ao Brasil	61
	Livro de Tombo do Colégio de Jesus do Rio de Janeiro: Índices	82
Inventário	Inventario dos documentos relativos ao Brasil existentes no Archivo de Marinha e Ultramar organisado por Eduardo de Castro Almeida	32, 34, 36, 37, 39, 46, 50
	Inventario dos inestimaveis documentos historicos do arquivo da Casa imperial do Brasil, no Castelo D'Eu, em França.	54, 55
	Inventário dos documentos relativos ao Brasil existentes no Arquivo de Marinha e Ultramar – "Rio de Janeiro, 1756-1757"	71
	Inventário dos documentos relativos ao Brasil, existentes na Biblioteca Nacional de Lisboa	75, 93, 97, 98
	Inventário dos documentos do Instituto Nacional do Livro	116
	Inventário dos documentos da Coleção Brunelli	116
	Inventário analítico dos documentos do Arquivo Edmar Morel	116
	Inventário das Coleções Inconfidência Mineira e Tiradentes	118
	Inventário da Coleção Béatrix Reynal	118

Fonte: o autor

Também nos salta aos olhos o uso dos termos "coleção" e "arquivo", evidenciando diferentes olhares para os conjuntos documentais existentes no acervo, bem como os diferentes tipos de trabalhos realizados com os documentos para que sejam fontes mais confiáveis a seus usuários. Sendo assim, a coleção nos remete ao viés colecionista de uma biblioteca, já que ela coleciona coleções, contudo, uma biblioteca nacional não se furta a ter somente um tipo de documento, e os arquivos são caros à sua atuação, sejam eles arquivos privados (institucionais e pessoais) ou arquivos no sentido lato, aqueles derivados da ação cotidiano de uma repartição ou empresa.

Assim, ao longo de 141 volumes analisados, pudemos perceber as transformações nos modos de enxergar e tratar o acervo da instituição, a especialização com que os trabalhos começaram a ser realizados em cada uma das seções. O emprenho dos funcionários na organização das fontes, portanto, não é de se espantar que boa parte dos trabalhos técnicos e intelectuais ali arrolados, sobretudo em um primeiro momento, deriva dos esforços dos funcionários da instituição.

Alfredo do Vale Cabral, por exemplo, é um dos grandes organizadores da seção de Manuscritos, cooperando decisivamente com a edição do Catálogo de Exposição da História do Brasil, mas também um dos grandes colaboradores dos Anais, listamos, ao menos, 20 colaborações do ex-funcionário da instituição, dentre elas, destacam-se: "Galeria dos Bibliothecarios da Bibliotheca Nacional do Rio de Janeiro"; "Etymologias brazilicas"; "Secção de Manuscriptos: Esboço historico, Catalogo e Indice" e "Lista dos Manuscritos de Antônio Vieira existentes na Biblioteca Nacional".

Todos os trabalhos de relevo para a construção de uma história e memória nacional, bem como institucional. Sacramento Blake (1883, v. 1, p. 62-63) observa que:

> Alfredo do Valle Cabral - É natural da cidade de S. Salvador, capital da Bahia.
>
> Moço, dotado de muita actividade e disposição para o estudo e de talento, tem sabido utilisar-se da posição que occupava de official da bibliotheca nacional da côrte, de que é hoje chefe de secção, para colleccionar diversos trabalhos importantes, sobretudo em relação á historia patl'ia, e por occasião da exposição, celebrada em 1881, taes foram seus serviços, que foi condecorado com o officialato da ordem da Rosa.
>
> Tem publicado:

- Catalogo dos manuscriptos da bibiotlieca nacional do Rio de Janeiro. Rio de Janeiro, 1878. Dous volumes - Assignam esta obra o doutor José Alexandre Teixeira ·de Mello e Alfredo do Valle Cabral. Constitue este catalogo o 40 e 50 volumes dos annaes da mesma bibliotheca.

- Bibliographia da lingua tupy ou guarany. Rio de Janeiro, 1880, 81 pags. in-4º. – É dividida em tres partes.

- Bibliographia camoneana: resenha chronologica das edições das obras de Luiz de Camões, e de suas traducções impressas, tanto unias como outras, em separado. Rio de Janeiro, 1880.

- Vida e escriptos de José da Silva Lisbôa, Visconde de Cairú. Rio de Janeiro, 1881, 78 pags, in-4º. – Sahiu antes na Revista Brazileira, tomo 100, pags. 151, 228, 359, 458 e seguintes.

- Annaes da imprensa nacional do Rio de Janeiro de 1808 a 1822. Rio de Janeiro, 1882 in-4º.

- Guia do viajante no Rio de Janeiro, acompanhado da planta da cidade, de uma carta das estradas de ferro do Rio de Janeiro, Minas e S. Paulo e de uma vista dos Dous irmãos. Rio de Janeiro, 1882, in-12º.

Ha, feita por este autor, uma edição das obras de Gregorio de Mattos e mais alguns artigos em revistas.

João Saldanha da Gama é outro que figura bastante nos Anais, seus trabalhos versam sobre: "A Collecção Camoneana da Bibliotheca Nacional", "Secção de Impressos e Cartas Geographicas: Catalogo e Indices" e "Secção de Impressos e Cartas Geographicas: Esboço Histórico".

João de Saldanha da Gama - Filho do gentil-homem da imperial camara D. José de Saldanha da Gama e de dona Maria Carolina Barroso Saldanha da Gama e irmão do contrá-almirante Luiz Filippe de Saldanha da Gama e do doutor José de Saldanha da Gama, dos quaes ocoupar-me-hei em tempo, nasceu no municipio de Campos, provincia, hoje estado do Rio de Janeiro, a 22 de agosto de 1835. Bacharel em lettras pelo collegio de Pedro II e bacharel em direito pela faculdade de S. Paulo, foi nomeado por occasião da reforma da bibliotheca nacional, em 1876, chefe de uma secção da mesma bibliotheca e em 1882 seu director. É official da ordem da Rosa e escreveu:

- Escriptos ao povo. Rio de Janeiro, 1868, 78 pags. in-4°. – É uma collecção de artigos politicos, publicados em sua maior parte no Correio Mercantil. Ha outros trabalhos seus, como estes, na imprensa diaria.

- A collecção camoneana da bibliotheca nacional – Se acha nos Annaes da mesma bibliotheca, tomo 1°, pags. 76 a 102, e 201 a 221, tomo 2°, pags. 34ª 78 e 315 a 358, e tomo 3°, pags. 5 a 54.

- Supplemento ao catálogo da exposição de historia do Brazil, realizada pela bibliotheca nacional do Rio de Janeiro a 2 de dezembro de 1881. Rio de Janeiro, 1883, in-4°gr. – Faz parte dos Annaes; é tambem um supplemento do tomo 90 desses Annaes, que dahi em deante são dirigidos por Saldanha da Gama.

- Catalogo da exposição permanente dos cimelios da bibliotheca nacional, publicado sob a direcção do bibliothecario, etc. Rio de Janeiro, 1885, 1059 pags. in-8°. – Conclue-se o livro com algumas bibliographias de estampas raras, possuidas pela bibliotheca.

- Guia da exposição permanente da bibliotheca nacional. Rio de Janeiro, 1885, 45 pags: in-8°. – É uma publicação destinada a facilitar o exame dos cimelios (Sacramento Blake, 1898, v. 4, p. 39-40).

Um terceiro nome é o de José Alexandre Teixeira de Mello, que escreveu, por exemplo, "Cláudio Manuel da Costa", "Chartas de Anchieta" e "Subsídios Existentes na Bibliotheca Nacional para o Estudo da Questão de Limites do Brasil pelo Oyapoch". Sacramento Blake (1898, p. 271-273) pontua que:

José Alexandre Teixeira de Mello – Nascido na cidade de Campos, Rio de Janeiro, a 28 de agosto de 1833, fez os estudos de humanidades no Seminario de S. José e depois o curso da faculdade de medicina, recebendo o gráo de doutor em 1859. Estabeleceu-se como clinico na cidade de seu nascimento, e em 1875 mudou-se para a capital do imperio, onde foi nomeado por decreto imperial de 21 de março de 1876, chefe de secção de manuscriptos da bibliotheca nacional, passando desta secção para a de impressos em dezembro de 1882. Viajou pela Europa de 1892 a 1893. É socio do Instituto historico e geographico brazileiro, do Instituto geographico e historico da Bahia, da sociedade Auxiliadora da industria nacional e outras asso-ciações, de que algumas, como a Academia philosophica do Rio de Janeiro, já sê acham extinctas. Collaboron no Monitor Campista, na Alvorada Campista, n'O Paiz, n'O Cruzeiro e na Regeneração, folhas de Campos; no Academico, periodico de alumnos da faculdade de medicina, publicado em 1855 a. 1856 ; na Lux, revista da sociedade brazileira e beneficencia [...].

Por serem muitas as obras de Teixeira de Mello, optamos por não as citar na íntegra, mas se ressalta que Sacramento Blake (1898) enumera as obras por nós citadas anteriormente, o que evidencia a relevância de seu trabalho e de seus estudos.

Ainda destacamos o trabalho de José Zepherino de Menezes Brum, que na BN se dedicou à "Do Conde da Barca, de seus escriptos e livraria", "Secção de Estampas: Introducção, Esboço Historico, Catalogo, Taboa de Monogramas, Indices" e "Estampas gravadas por Guilherme Franmcisco Lourenço Debrie".

> José Zef'erino de Menezes Brum – Nasceu na villa de S. Francisco, da Babia, a 26 de agosto de 1825 e ahi falleceu a 21 de fevereiro de 1893, doutor em medicina pela faculdade daquelle estado, chefe da secção de estampas da bibliotheca publica do Rio de Janeiro, medico do hospital de Misericordia, membro da Academia nacional de medicina e official da ordem da Rosa. Escreveu:
>
> - *These para o doutorado em medicina*, Babia, 1847, in-4º. – Nunca a vi, mas sei que é escripta em proposições.
>
> - *Da vaccina*: memoria apresentada á Academia imperial de medicina – Nos annaes desta Academia, tome 360, 1870-1871, pags. 272, 303 e 337.
>
> - Secção artistica: (ultima parte do Catalogo da exposição de historia do Brazil, realizada pela Bibliotheca Nacional do Rio de Janeiro de 11de dezembro de 1881) da pag. 1403 em diante (Sacramento Blake, 1899, v. 5, p. 237).

De fato, optei pelo uso das biografias que constavam no dicionário biobibliográfico de Sacramento Blake por considerar que ele traz uma visão mais fidedigna dos personagens, já que boa parte deles estavam vivos no período, o que nos remete ao furor com que eram vistos pelo social.

A BN, portanto, transforma seus próprios funcionários em construtores e arquitetos da história e memória nacional, pensadores dos documentos e monumentos eleitos para representarem a Nação na instituição. Portanto, no jogo de escolhas e desbravamentos dos acervos, são seus interesses que guiarão a construção e elaboração das fontes de informação, bem como exposições (alvo das discussões de nosso próximo capítulo). Não que particularmente considere isso ruim, de fato, compreender a biblioteca e as instituições de memória como um lugar político, movido por escolhas pessoais, além das profissionais, revela-nos muito de como construímos os saberes sobre o nosso país. Não sejamos inocentes a ponto de achar que a Biblioteconomia e o fazer bibliotecônomico são isentos de tensões políticas e sociais, o que culmina em eleger, por exemplo, o que será ou não tratado tecnicamente, o que ganhará a luz primeiro em um cenário da eterna falta de funcionários e condições mínimas de trabalho.

Destacam-se, ainda, os trabalhos de Darcy Damasceno, Waldir da Cunha, Lygia da Fonseca Fernandes da Cunha

Segundo nossas observações, podemos dividir os quase 150 anos de publicação dos Anais em três fases distintas. A primeira fase engloba os 100 primeiros volumes da publicação e é marcada por dois momentos:

- O primeiro é vivido de 1876 a 1930 e tem como base as coleções fundadoras da instituição, as fronteiras do país e a história do Brasil Colônia. São exemplos: estudos e inventários da coleção de Diogo Barbosa Machado, do Conde da Barca, diversos estudos sobre línguas indígenas, biografias de personagens, tais como Cláudio Manoel da Costa e Padre José de Anchieta, documentos da Inconfidência da Bahia.

- O segundo é de 1931 a 1979 e traz como assuntos os indígenas, folclore e história do Império. São exemplos documentos sobre os viajantes e seu contato com a família imperial e os estudos sobre e dos estados do Brasil,

A primeira fase é explicada, sobretudo, pelo contexto de criação dos Anais, lembremo-nos que é na década de 1870 que surge o partido republicano e começam os primeiros estudos que investigam a Nação brasileira. Assim, a (con)formação do Brasil e dos brasileiros começa a ser pensada. A Biblioteca, seguindo os estudos em curso em instituições congêneres, como o Instituto Histórico e geográfico Brasileiro, lança seus Anais com o intuito de oferecer uma fonte sobre a História do país presente em seu acervo. Logo, o levantamento de documentos que ajudem nas questões de fronteiras, bem como os estudos sobre o Brasil Colônia e seus personagens aparecem nas páginas dos Anais, buscando ilustrar o imaginário e dotar de instrumentos os responsáveis pela política e pela escrita da história do país.

A segunda fase tem início por volta de 1980 e vai até o ano de 2010. No curso desses 30 anos, a predominância é de estudos sobre o acervo da

Nacional, em um caráter bem mais técnico e de difusão do vasto acervo. Destacam-se os vários inventários de arquivos pessoais, tais como de Lima Barreto, Béatrix Reynal, de Angelis, Adir Guimarães, Ernesto Senna e Mário Barreto.

É nesse período, também, que tem início a série "Preciosidades do acervo", na qual funcionários apresentam documentos que foram alvo de seus estudos ou tratamento técnico e pertencem ao acervo da Nacional, reforçando, assim, o papel ativo dos funcionários na promoção e divulgação do acervo, bem como na construção do Nacional.

A terceira fase, que é a que está em curso e representa uma guinada para os Anais, tem início a partir de 2010, o trabalho técnico que se realizava com o acervo dá lugar à trabalhos apresentados em eventos realizados pela instituição. São exemplares, nesse sentido, os Encontros Nacionais de Acervos Raros (Enar), promovidos pelo Planor e as Jornadas de Pesquisadores da Fundação Biblioteca Nacional, bem como outros eventos que vão utilizar a publicação como meio de divulgação dos trabalhos ali apresentados e discutidos.

De fato, tal situação se explica a partir da visão dos Anais como um repositório científico de saber, logo, a partir da avaliação[42] constante da Coordenação de Aperfeiçoamento de Pessoal de Nível Superior (Capes) dos periódicos nacionais, a publicação passa a ser encarada sob outro prisma. Além disso, tal fato evidencia o fato de a Biblioteca ter aberto, novamente, as suas portas aos pares, levando para o seu auditório as discussões sobre os seus acervos e os fazeres biblioteconômicos, arquivísticos, museológicos e historiográfico, posicionando-se como centro referencial de saberes. Além disso, destacam-se as pesquisas resultantes do Programa Nacional de Apoio à Pesquisa (Pnap), que por tradição divulgam os resultados de suas pesquisas na publicação.

Além do compromisso com a Nação, há o esforço de preservar a memória da própria instituição na série "Relatório", na qual são arroladas, mesmo que com frequência incerta, os relatórios institucionais anuais da Biblioteca Nacional.

Por tradição os relatórios são publicados nas últimas páginas dos Anais. A dinâmica, geralmente, é de confecção de relatórios mensais pelos chefes das seções, que, ao final de cada ano, são compilados e, ajuntados às outras informações administrativas pela diretoria/presidência, formam o

---

[42] Os Anais da Biblioteca Nacional são, atualmente, classificados como B4 nos estratos da Capes.

relatório anual. O relatório depois de compilado é enviado à pasta ministerial responsável pela Biblioteca e publicado nos Anais da instituição, sendo uma iniciativa de transparência ativa, mesmo que incorramos em anacronismo ao situar os primeiros relatos.

Seus originais (tanto os confeccionados pelos chefes das Seções/Divisões, como os do diretor-geral/presidente) pertencem em parte à Coleção Biblioteca Nacional, que nada mais é do que o Arquivo Histórico da instituição, estando depositado na Divisão de Manuscritos e ao Arquivo geral da instituição.

De fato, a confecção dos relatórios é um instrumento de extrema relevância quando pensamos na construção da memória institucional. Minhas pesquisas, por exemplo, foram em boa parte subsidiadas pelos relatórios presentes nos Anais, indicando possíveis caminhos em meio ao gigantesco acervo. Ao todo, 62 volumes[43] apresentam relatórios, compreendendo 65 anos de atividades, já que alguns volumes apresentam relatórios de mais de um ano.

Interessante perceber que o período em que mais relatórios foram publicados compreende o período de 1896 a 1922, onde há as maiores transformações sofridas pela instituição em seus mais de 200 anos em solo brasileiro.

---

[43] Apresentam relatórios os volumes 18 a 45, 57 a 65, 91, 93-98, 101 a 119.

5

PARA MOSTRAR:
AS EXPOSIÇÕES QUE ESCREVEM A HISTÓRIA

A Biblioteca Nacional inaugura no final do século XIX uma nova forma de divulgar o seu acervo: as exposições. Como resultado, boa parte delas editou um catálogo, fonte para a escrita deste capítulo. Sendo assim:

> Os catálogos de exposições realizadas na Biblioteca Nacional desde 1880 constituem inestimáveis conjuntos de informações e têm sido publicados para registrar as efemérides marcantes ou para complementar programas de difusão cultural — desde folhetos a alentados volumes — e neles divulgam-se a diversidade e a riqueza de um acervo que, no fim deste segundo milênio, já alcança o expressivo número de cinco milhões de peças[44], abrangendo material diversificado; manuscritos, mapas, estampas, fotografias, partituras musicais, discos, microfilmes, jornais, revistas, etc. (Cunha, 1990, p. 15).

Ressalta-se que a missão institucional da Biblioteca nunca previu a realização de exposições, mas como as coleções, justamente na concepção colecionista, pressupõem o olhar, é importante para a instituição, como um dos pilares de (con)formação da memória nacional, que seu acervo seja exposto e mediado ao olhar do público, evidenciando-se como elemento de cultura, identidade e memória.

Mas o que vem a ser uma exposição, qual a sua função? Desvallées e Mairesse (2013, p. 42-43) declaram que:

> O termo "exposição" significa tanto o resultado da ação de expor, quanto o conjunto daquilo que é exposto e o lugar onde se expõe. [...] Atualmente, os termos exposition (em francês) e exhibition (em inglês) têm o mesmo sentido do termo em português "exposição" [...], e aplicam-se tanto ao conjunto de coisas de naturezas variadas e formas distintas, expostas ao público, quanto às próprias coisas expostas e ao lugar onde acontece essa manifestação. Nesta perspectiva, cada uma dessas acepções pode definir conjuntos até certo ponto diferentes.

---

[44] Hoje, estima-se em 9 milhões de itens.

Tomamos a explicação e a definição do termo emprestados da Museologia, tendo em vista que, apesar de ser lugar comum em bibliotecas a prática de exporem seus acervos, pouco ou nada se tem construído em termos teóricos acerca do assunto no âmbito Biblioteconômico. De fato, a premissa de que as Bibliotecas possuem tesouros que devem ser expostos é sempre explorada, mas pouco pensada.

Curioso observar, por exemplo, que durante, ao menos, 12 anos, de 1961 a 1972, a própria Biblioteca Nacional contava com um Serviço de Exposição, mas que não apareceu em nossas pesquisas na estrutura organizacional da instituição, mesmo com a alcunha figurando nos inúmeros catálogos de exposição editados no período.

Figura 4 – Detalhe do Catálogo da Exposição lançamentos do ano, 1961

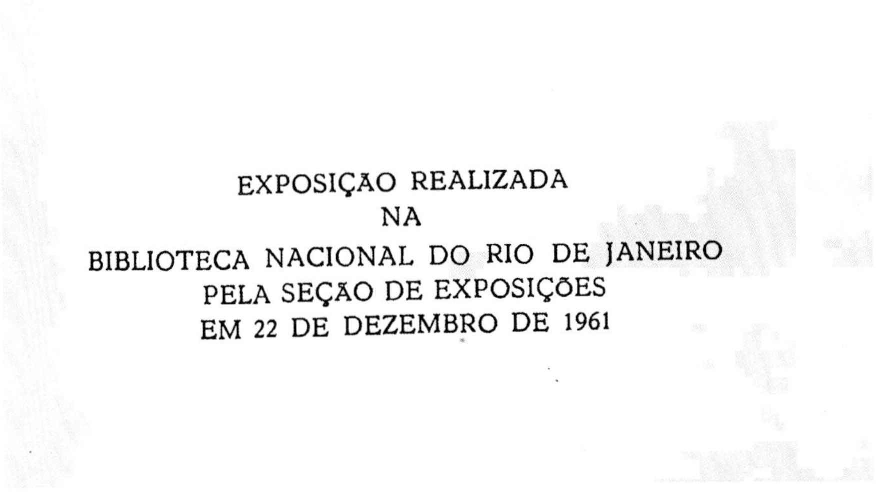

EXPOSIÇÃO REALIZADA
NA
BIBLIOTECA NACIONAL DO RIO DE JANEIRO
PELA SEÇÃO DE EXPOSIÇÕES
EM 22 DE DEZEMBRO DE 1961

Fonte: Biblioteca Nacional (1961)

Aliás, a própria função dos catálogos de exposição mantém estreita relação com os propósitos e contornos de uma exposição, sendo entendidos como:

> [...] descrição mais ou menos detalhada das obras, peças, etc. que são exibidas numa exposição, geralmente com ilustrações das peças mais significativas, quase sempre precedida de uma introdução explicativa, e que serve de guia para a visita. **No caso de exposições bibliográficas, o catálogo pode mesmo**

> **funcionar como bibliografia sobre determinado assunto, autor ou coleção** (Faria; Pericão, 2008, p. 147, grifo nosso).

Guardemos o trecho grifado para melhor exploração à frente, mas ele é importante quando falamos da Biblioteca Nacional. Fato é que a exposição diz mais sobre a missão da Biblioteca com o Nacional, uma vez que, segundo Desvallées e Mairesse (2013, p. 43, grifo nosso):

> Ela pode ser organizada em um lugar fechado, mas também a céu aberto (parque ou rua) ou *in situ*, isto é, sem deslocar os objetos (como no caso de sítios naturais, arqueológicos ou históricos). O espaço de exposição, nesta perspectiva, define-se, então, não somente pelo conteúdo ou por seus suportes, mas também pelos seus utilizadores – visitantes ou membros da equipe de profissionais da instituição [...]. **Logo, o lugar da exposição apresenta-se como um lugar específico de interações sociais, em que a ação é suscetível de ser avaliada.**

Assim, a Biblioteca Nacional como uma promotora de exposições é responsável por promover a interação entre seu público e o imaginário social da Nação por meio de seu acervo e ao fazer isso ela contribui com o discurso e historiografia nacional, forjado e fabricado, mediante do rememorar, fatos e heróis que a nação deve cultuar e celebrar — a essência de um lugar de memória. Como tal, todas as exposições contam com o acervo da instituição, promovendo-o junto à população em geral, contribuindo com a imaginação e o imaginário social.

> A partir deste ponto de vista, a exposição aparece como uma característica fundamental do museu [e por quê não das bibliotecas?], na medida em que este é desenvolvido como o lugar por excelência da apreensão do sensível pela apresentação dos objetos à visão (visualização), "mostração" (o ato de demonstrar como prova), e ostensão (como uma forma de sacralização de objetos por adoração). **Por meio deste processo, o visitante é colocado na presença de elementos concretos que podem ser exibidos por sua própria importância (como no caso de quadros ou relíquias), ou por evocarem conceitos ou construções mentais (a transubstanciação, o exotismo)** (Desvallées; Mairesse, 2013, p. 43-44, grifo nosso).

Logo, os objetos ali expostos fazem as vezes de um semióforo, prestando-se à narrativa a ele incutida pelo ato de expor ao olhar. Um olhar que o alcança como objeto sacro, digno de peregrinação, cuja vitrine separa o imortal do mortal, uma amostra do infinito passado, que se repete no presente e se projeta no futuro, mediado sempre pelo rememorar:

> Se o museu pode ser definido como um lugar de musealização e de visualização, a exposição aparece, então, como a "visualização explicativa de fatos ausentes pelos objetos, assim como dos meios de apresentação, utilizados como signos" (Shärer, 2003). Suportes como a vitrine ou molduras, que servem como separadores entre o mundo real e o mundo imaginário do museu, são apenas marcadores de objetividade, que servem para garantir a distância (para criar "um distanciamento", como dizia Berthold Brecht sobre o teatro) e para assinalar que estamos em um outro mundo de artifício, de imaginação (Desvallées; Mairesse, 2013, p. 43-44, grifo nosso).

Tal citação nos lembra Baudrillard (1989), que observa que as coleções são elementos que passam o tempo, no sentido em que o abole, logo, as coleções de bibliotecas expostas ao público formam a ponte entre o visível (itens expostos) e o invisível (a ideia ali exposta), articulando o presente e o passado por meio da memória das coisas, no caso das bibliotecas, os documentos. Portanto, cabe ao documento servir de semióforo de uma constelação de significados e sentidos que lhe são impostos socialmente, mediando o contato entre o visitante da exposição, que contempla a vitrine em busca do passado a ser cultuado e rememorado, como já citamos.

> A exposição, nessa perspectiva, funciona como um sistema de comunicação particular (McLuhan, Parker e Barzun, 1969; Cameron, 1968), fundado sobre os "objetos autênticos" e acompanhado de outros artefatos que permitem ao visitante melhor identificar a sua significação. Nesse contexto, cada um dos elementos presentes no seio da exposição (objetos de museu, substitutos, textos, etc.) podem ser definidos como *expôt*. Em tal contexto, não se trata, com efeito, de reconstituir a realidade, que não pode ser transferida a um museu (um "objeto autêntico", em um museu, já é um substituto da realidade e uma exposição tem a função de abrir e propor imagens análogas a essa realidade), mas de comunicá-la por esse dispositivo. Os *expôts* em uma exposição funcionam como signos (semiologia), e a exposição se apresenta como um processo de comunicação, na maior parte do tempo unilateral, incompleto e suscetível a interpretações divergentes (Desvallées; Mairesse, 2013, p. 44).

A BIBLIOTECA E A NAÇÃO: ENTRE CATÁLOGOS, EXPOSIÇÕES, DOCUMENTOS E MEMÓRIA

Assim, fabrica-se um documento/monumento e o projeta às futuras gerações. Percebemos, portanto, novamente, as ideias de Anderson (2008), já que é nesse espaço de culto, a Biblioteca Nacional, que as mediações entre o passado e o presente (con)formam uma herança, um legado, um patrimônio para o futuro. Acumulando, tratando, organizando e exibindo seu acervo, a Biblioteca forja semióforos nacionais, símbolos da Nação brasileira. O patrimônio documental por ela custodiado é, assim, uma ponte entre o passado e o presente, mas parte do que é o Brasil em seu campo simbólico e imaginário social.

No Quadro 7, é possível vislumbrar as numerosas e variadas exposições que a Biblioteca realizou entre 1880 e 2010[45] e que geraram catálogos, demonstrando a tradição institucional de comemorar efemérides, pessoas de relevo e a própria instituição.

É importante observar que a própria instituição, como um lugar de memória, celebra as suas conquistas e a sua história, sendo assim, em 1953 realiza a "Exposição cem anos de atividades, 1853-1953", em 1960 a "Exposição comemorativa, 1810-1960: sesquicentenário", em 1990, "Biblioteca Nacional: memória e informação", em 2002, "O Rio e a Biblioteca Nacional: um caso de amor", e, por fim, em 2010, "Biblioteca Nacional 200 Anos: uma defesa do infinito". Além dessas, há em 1965 a realização da exposição "Cinquenta anos de biblioteconomia, 1915-1965", que por ter sido o curso fundado, no Brasil, na Biblioteca Nacional possui laços estreitos com a instituição. Em 1965, inclusive, o curso ainda estava sediado na instituição e só na década de 1970 seria transferido para a hoje nomeada Universidade Federal do estado do Rio de Janeiro (Unirio).

Quadro 7 – Lista dos Catálogos das Exposições realizadas pela Biblioteca Nacional 1866-2010

ANO	TÍTULO
1880	Catálogo da exposição camoneana
1881	Catalogo da Exposição de História do Brazil. Volume I Catalogo da Exposição de História do Brazil. Volume II Suplemento do Catalogo da Exposição de História do Brazil. Guia da Exposição de História do Brazil.

---

[45] A lista das exposições é acessível pelo link: https://bndigital.bn.gov.br/projetos/200anos/exposicoes.html.

1885	Catalogo da exposição permanente dos cimelios da Bibliotheca Nacional. Guia da Exposição Permanente da Biblioteca Nacional.
1925	Catálogo da exposição biblio-iconographica.
1952	Exposição o Brasil visto por viajantes estrangeiros
1952	Exposição a Independência do Brasil.
1953	Exposição Autógrafos Preciosos Exposição cem anos de atividades, 1853-1953 Exposição desenhos italianos, séculos XVI, XVII e XVIII
1954	A caricatura na Imprensa do Rio de Janeiro. Catálogo da exposição centenário de Apolônia Pinto. Estampas antigas, séculos XVI-XIX Literatura musical, séculos XVI, XVII, XVIII.
1955	Primeiro centenário de Artur Azevedo. O Catolicismo no Brasil. Centenário da morte de Junqueira Freire. Edições raras obras musicais [da] Colecão Teresa Cristina.
1956	Exposição bibliográfica Marcelino Menéndez Pelayo. Exposição comemorativa do 2. centenário de Mozart Santos Dumont.
1957	Catálogo de livros sôbre folclore brasileiro. Comemoração do I centenário da morte de Augusto Comte. Exposição camoniana. Exposição do livro italiano de arte: na Biblioteca Nacional. Gravuras e desenhos da Coleção Albertina de Viena
1958	D. Ramón Menéndez Pidal e sua escola: 60 anos de filologia espanhola. Porcelanas da antiga manufatura imperial de Viena
1959	Comemoração do centenário de nascimento de Clóvis Beviláqua Exposición del libro brasileño contemporáneo, Madri/abril 1959. Exposição do bicentenário da morte de Georg Friedrich Haendel, 1759-1959 Exposição comemorativa do sesquicentenário da morte de Joseph Haydn Exposição naval : comemorativa da semana da Marinha

1960	Congresso Brasileiro de Critica e História Literária. Centenário de nascimento do Conde Affonso Celso, 1860-1960 Exposição comemorativa do 150. do nascimento de Fryderyk Chopin, 1810-1849 Exposição comemorativa, 1810-1960: sesquicentenário Guia da Biblioteca Nacional: sesquicentenário - 1810-1960 Exposition du livre brésilien, 14-22 Décembre 1960
1961	Exposição comemorativa do centenário de nascimento de Cruz e Sousa, 1861-1961. Exposição Daumier. Exposição de incunábulos da Biblioteca Nacional. Exposição lançamentos do ano, 1961. Jorge Amado: 30 anos de literatura
1962	Exposição comemorativa do centenário de nascimento de Maeterlinck. Exposição comemorativa do centenário do Diário Oficial, 1862-1962. Exposição lançamentos do ano, 1962. O livro didático norte-americano. Música no Rio de Janeiro imperial, 1822-1870 Tagore.
1963	Exposição comemorativa do centenário do nascimento de Ernesto Nazareth, 1863-1934. Exposição comemorativa do centenário de nascimento de Raul Pompéia. Exposição Graciliano Ramos, 1892-1953. Exposição lançamentos do ano, 1963. Sétimos Congressos Internacionais de Medicina Tropical e Malária.
1964	Editoras USA: obras selecionadas Exposição Albrecht Durer. Exposição comemorativa do centenário da morte de Gonçalves Dias Exposição comemorativa do centenário de nascimento de Coelho Neto. Exposição do centenário de nascimento de Alberto Nepomuceno.

1965	4 séculos do Rio de Janeiro. Cinquenta anos de biblioteconomia, 1915-1965. Exposição do cinquentenário da morte de Gaspar Viana e Glauco Velasquez: 1914-1964. Exposição Lançamentos do ano, 1965 Rio musical, crônica de uma cidade. O Rio na caricatura.
1966	Caminho de Santiago e cultura medieval galaico-portuguêsa: mostra bibliográfica. Exposição comemorativa do centenário de nascimento de Euclides da Cunha, 1866-1966. Exposição lançamentos do ano, 1966. Manuel Cícero Peregrino da Silva, 1866-1966.
1967	2. centenário de José Mauricio Nunes Garcia (1767-1830): exposição comemorativa. Exposição centenário morte de Karl Fridrich Philipp von Martius: 1868-1968. Exposição coleção Barbosa Machado.
1968	Exposição comemorativa do centenário de nascimento de Graça Aranha. Agripino Grieco, 1888-1968. Catálogo de desenhos: Thomas Ender Exposição do 60. aniversário falecimento de Joaquim Maria Machado de Assis. Exposição centenários de Emílio de Menezes, Guimarães Passos, Medeiros e Albuquerque. Exposição lançamentos do ano, 1967. V centenário do nascimento de Pedro Álvares Cabral, 1468-1968.
1969	Amazônia brasileira: catálogo da exposição. Catálogo da Exposição Dia Internacional do Folclore e Mello Moraes Filho Exposição comemorativa do centenário do nascimento de Francisco Braga, 1868-1945. Exposição lançamentos do ano, 1968. Transportes no Brasil: catálogo.

1970	Alphonsus de Guimaraens, catalogo da exposição comemorativa do centenário de nascimento, 1870-1970. Beethoven no Rio de Janeiro, 1833-1889: Exposição. Exposição lançamentos do ano, 1969 Exposição Mário de Andrade. Exposição Rachel de Queiroz: 40º aniversário de "O Quinze". Nordeste brasileiro: catálogo da exposição.
1971	Castro Alves: catálogo da exposição Estampas originais: Albrecht Dürer, 1471-1528: quinto centenário de nascimento. Exposição Lançamentos do Ano, 1970. A magia no mundo: catálogo da exposição.
1972	Independência do Brasil: sesquicentenário, 1822-1972. O livro raro em seus diversos aspectos. Os Lusíadas, 1572-1972: catálogo da exposição.
1973	Manuscritos: sec. XII-XVIII, pergaminhos iluminados e documentos preciosos. Molière: tricentenário, 1673-1973: catálogo da exposição. Ouro Preto: 150. da elevação de Vila Rica a Imperial Cidade de Ouro Preto, 1823-1973.
1974	Hipólito José da Costa e a imprensa no Brasil: catálogo da exposição A moderna gravura brasileira: catálogo da exposição. O romance brasileiro: catálogo da exposição. Santo Tomás de Aquino, 7. centenário da morte. Três séculos de iconografia da música no Brasil.
1975	Vinte e cinco anos de enriquecimento do acervo, 1950.
1976	Afrânio Peixoto, 1876-1947: Exposição comemorativa do centenário do nascimento. Movimentos de vanguarda na Europa e modernismo brasileiro: (1909-1924).
1977	José de Alencar: catálogo da exposição comemorativa do centenário de morte, 1877-1977.
1979	A. Saint-Hilaire, 1779-1853: catálogo da exposição comemorativa do bicentenário de nascimento.
1980	Brasil 1900-1910.

1982	Goethe: 1749-1832: catálogo da exposição.
1983	Acervo precioso: catálogo da exposição
1986	A memória das constituições brasileiras: catálogo da exposição.
1987	Fotografias [da] Coleção D. Thereza Christina Maria.
1988	Para uma história do Negro no Brasil
1990	Biblioteca Nacional: memória e informação
1993	Trimano: desenhos.
1997	Castro Alves: o olhar do outro
2000	500 anos de Brasil na Biblioteca Nacional.
2002	O Rio e a Biblioteca Nacional: um caso de amor.
2003	A Presença holandesa no Brasil. HQ, o mundo encantado dos quadrinhos: acervo da BN.
2008	Machado de Assis: 100 anos de uma cartografia inacabada
2009	Machadiana da Biblioteca Nacional. Euclides da Cunha: uma poética do espaço brasileiro.
2010	Biblioteca Nacional 200 Anos: uma defesa do infinito.

Fonte: elaborado com base em Biblioteca Nacional (c2010)

Do enorme volume documental recuperado, ativemo-nos às exposições que tinham relação com a efemérides nacionais, sendo assim, o primeiro catálogo de exposições que nos é caro é o de História do Brasil, realizado em 1881. Ramiz Galvão (1881, p. V), diretor da instituição à época, observa nas primeiras páginas do catálogo que "[... A exposição] pode e ha de prestar notaveis serviços aos estudos historicos no Brazil" e continua:

> [...] Com o tempo esses obstaculos se irão vencendo, a convicção calará no espirito do pôvo, e dia virá, estamos seguros, em que não haverá cidadão que se não apresse a vir trazer-nos as joias preciosas de seu escrinio para se-levantar á historia da patria o monumento que ella reclama (Ramiz Galvão, 1881, p. V).

O então diretor observava que esse era o primeiro empreendimento do tipo no país e se constituía em fonte valiosa para os estudos vindouros sobre a história nacional. Além disso, pontua que:

> Tanto quanto no-lo permittiram o espaço e o tempo, vae nelle um esboço de bibliographia historica brazileira, considerada a historia em sua maior amplitude, e não exquecidos os documentos subsidiarios que a-podem esclarecer. Para completar trabalho de tão grande folego justo é que ainda concorram os que se-interssam pela patria (Ramiz Galvão, 1881, p. VII).

Logo, a publicação poderia ser uma espécie de Bibliografia Nacional, à medida que fornecia fontes totais (no que foi permitido realizar) sobre a História do Brasil e a produção intelectual nacional. De fato, se ponderarmos a missão institucional da instituição já àquela época de salvaguarda da memória nacional, articulando com o levantamento exaustivo de fontes externas à instituição, podemos inferir que há, sim, indícios de uma bibliografia nacional, mesmo que ainda longe de completa e total.

Avançamos mais de meio século até a próxima exposição analisada: a Independência do Brasil, realizada em 1952, em comemoração aos 130 anos da efeméride. José Honório Rodrigues (1952, p. 1), diretor da instituição no período, elucida que:

> Esta Exposição, sem objetivo erudito, reúne livros, peças manuscritas e iconográficas relativas ao movimento de nossa emancipação política desde suas origens. A formação da consciência nacional inicia-se com a expulsão dos Holandezes e se alimenta nos vários atritos que exprimem os conflitos de interesse entre colonos e reinos.
>
> A Cultura e Opulência do Brasil de Antonil revela pela primeira vez aos Brasileiros a grandeza e pujança do Brasil. A Exposição mostra, a seguir, as várias fases da evolução dêste sentimento: a vinda da Família Real, a elevação do Brasil a Reino, o "Fico" a influência de José Bonifácio, os propomos da Independência, os apelos à União, a Guerra da Independência, o Reconhecimento, a Constituição de 1824. José Bonifácio, o Patriarca, e José da Silva Lisboa, Visconde de Cairú, figuram em quadros especiais pela importância que ambos exerceram na emancipação política e na decomposição do sistema colonial.

Destacamos na fala de Rodrigues (1952) dois momentos: a citação à *Cultura e Opulência do Brasil* e aos documentos de José Bonifácio de Andrada.

Hoje, tanto o livro quanto parte do conjunto documental do patriarca da Independência figuram na lista de nominações como Memória do Mundo, como vimos em capítulo anterior.

A próximo exposição também tem relação com o 7 de setembro, sendo em homenagem ao "Sesquicentenário da Independência":

> Com o testemunho silencioso do livro, do jornal e da iconografia, nesta Exposição a Biblioteca Nacional depõe para a história da Independência do Brasil no sesquicentenário de seu transcurso, associando-se às comemorações que, em todo o país, identificam o ano de 1972 com essa data de tanta magnitude cívica.
>
> Organizada com o objetivo de apresentar um elenco bibliográfico que atendesse também aos movimentos precursores da Independência, tomando como ponto de partida a Inconfidência Mineira de 1789, a Exposição e o catálogo refletem assim o ambiente político, social e econômico do Brasil até setembro de 1822, prolongando-se daí em diante até 1825, data que corresponde ao reconhecimento definitivo da nossa liberdade política. O centro de interesse, entretanto, como seria lógico, situa-se em torno dos homens e acontecimentos diretamente ligados ao ato politico ocorrido às margens do riacho Ipiranga, harmonicamente distribuído ao longo de selecionada documentação. Assim, pois, os movimentos precursores — Inconfidência Mineira, Inconfidência da Bahia e Revolução Pernambucana de 1817 — surgem apoiados tão--somente em obras gerais, sem maior aprofunda- mento de pesquisa, ao passo que a Independência em si reúne documentos avulsos, jornais da época, correspondência de alguns nomes importantes, iconografia (inclusive retratos), e, com maior extensão, bibliografia específica sobre o assunto (Lousada, 1972, p. 5).

Podemos perceber na fala de Lousada (1972), portanto, a importância do documento na construção da narrativa sobre a história do Brasil e como construtor de uma noção de pertencimento à Nação. Para tanto, evoca as passagens de maior relevo e destaca os personagens do período, observando antecedentes, criando a narrativa mítica de que a Independência era o processo natural para a ex-Colônia.

Já em um contexto de reabertura política, pós-ditadura militar de 1964, em 1986, é realizada a exposição "A memória das constituições brasileiras". De fato, percebemos aqui o papel social da instituição ao rememorar as

Constituições brasileiras no âmbito de criação da Constituinte que formulará a Constituição Brasileira em vigor hoje e promulgada em 1988. Diz a Nota Explicativa do catálogo que:

> No momento em que toda a sociedade brasileira volta suas atenções para a eleição da futura Assembléia Nacional Constituinte, ocasião em que cresce o debate em torno das principais questões de interesse nacional que influenciarão a redação da nova Carta Magna Brasileira, a Biblioteca Nacional inaugura a exposição: "A Memória das Constituições Brasileiras".
>
> Além dos exemplares originais das sete constituições brasileiras, será mostrado também material colhido em periódicos sobre fatos e debates que antecederam a redação das cartas e sobre a repercussão após sua promulgação. Da primeira Constituição Brasileira (1824) poderão ser vistos o "Diário da Assembléia Geral, Constituinte e Legislativa do Império do Brazil, o "Revérbero Constitucional Fluminense" (1822); o "Abelha do Itaculumy" (1824) e o "Diário do Rio de janeiro" (1834). Da Constituição de 1891 em diante foram selecionadas e reproduzidas páginas dos jornais com manchetes e notícias relativas aos principais momentos de cada uma dessas constituições. Entre outros, destacam-se: "O Paiz", "Revista Illustrada" (contendo caricaturas de Ângelo Agostini), "Careta", "Revista da Semana", "Jornal do Recife", "Estado da Bahia", "Diário de Pernambuco", "A Folha do Norte", "O Malho", "Gazeta do Povo", "Jornal do Brasil", "O Globo", "Jornal do Commercio", "Estado de São Paulo» e «Estado de Minas» (Biblioteca Nacional, 1986, p. 5-6).

Aproveitando-se do momento, a BN lança mão de evidenciar o seu papel de portadora e disseminadora da memória nacional. Ao exibir tais documentos, ela diz ao social que sua missão está sendo cumprida e que é graças às suas ações que a memória e história do país estão salvaguardadas. Ademais, incute no social a sua visão sobre os acontecimentos que precipitam as demais constituições, trazendo matérias de jornais, os bastidores políticos das discussões, além dos próprios textos das Cartas Magnas, sendo partícipe ativa da historiografia nacional.

A exposição seguinte, de 1990, corrobora as informações anteriores, ao se chamar: "Biblioteca Nacional: Memória e Informação", onde, na Introdução, Lygia da Fonseca Fernandes Cunha (1990, p. 17), declara:

> Na esteira das atividades culturais da Biblioteca Nacional, a presente mostra aponta alguns dos mais interessantes exemplos do trabalho realizado por seus funcionários e colaboradores. Trabalho que implica em maior conhecimento do acervo ultrapassando a simples elaboração de dados que compõem uma indicação bibliográfica para os catálogos. Ler e saber selecionar, dosar, analisar, descrever, comparar, retratar, reproduzir, caracterizar, relatar, narrar, particularizar fazem parte de um longo processo de aperfeiçoamento no dia-a-dia de trabalho. Processo este que se vem avolumando no correr de tantos decênios, conseqüência do acréscimo de informações que se foram incorporando aos primeiros núcleos bibliográficos.

Nesse sentido, temos a própria BN louvando o seu esforço de construção de fontes documentais à pesquisa sobre a Nação, além da preservação dos documentos sob sua guarda. Assim, a exposição dialoga com sua missão institucional em um momento de transformações, já que é em 1990 que ela se torna uma Fundação e tem muitas de suas antigas funções retomadas pela extinção do Instituto Nacional do Livro (INL)[46].

A exposição serve, portanto, de uma afirmação da missão social da instituição e de seu compromisso com a Nação. Fato que se materializa, novamente, em 2000, quando a exposição "500 anos de Brasil na Biblioteca Nacional" é inaugurada. Paulo Roberto Pereira (2000, p. 12), seu curador, diz que:

> Essa exposição bibliográfica e iconográfica, enfocando meio milênio de produção documental de e sobre o Brasil, com algumas peças mais relevantes do precioso acervo da Biblioteca Nacional, tem o intuito de revelar ao nosso país o que de mais representativo da cultura brasileira, do Período Colonial à Época Contemporânea, se encontra sob sua guarda.

Eduardo Portella (2000, p. 10), então presidente, diz que:

> Hoje a nossa Biblioteca expõe, na seleção cuidadosa que o seu acervo autoriza, o percurso nacional em forma de livros, manuscritos, fotografias, partituras, imagens diversas. Talvez seja uma história mais literária que política ou, se preferirem, tão literária quanto política. Mas remetida para adiante.

---

[46] Ver texto sobre INL.

Essa pequena citação revela a estreita relação do conjunto documental da Nacional com a Nação, já que representa, ou seja, é semióforo do "percurso nacional", sendo protegidos para o futuro, um legado patrimonial para "adiante". Muniz Sodré (2010) corrobora com tal fato, ao afirmar, na Apresentação do catálogo da exposição dos 200 anos da Biblioteca Nacional que a "[...] A preservação da memória é tanto bibliográfica e documental como aquela relativa à memória coletiva dos povos como parte da Memória do Mundo". Assim:

> Em sua dimensão oceânica, a Biblioteca abriga coleções de tempos e quadrantes diversos, como, entre outras, as do Conde da Barca, José Olympio, Diogo Machado, Melo Morais, Alexandre Ferreira e Teresa Cristina, a cuja amplitude corresponde uma oceanografia bem demarcada desde as regiões abissais, promovendo o esquema topográfico das estantes, armários e arcazes, que formam a superfície do palácio da memória. De suas entranhas, emergem livros, estampas, rótulos, mapas, violinos, fotos, partituras e espadas. Uma espécie de Universo inflacionário, em franca expansão, com a mesma velocidade de fuga entre as galáxias (Lucchesi, 2010, p. 11).

Um universo em expansão, é essa a tônica que a BN emprega nas comemorações de seus 200 anos, defendendo o infinito que o futuro reserva e a memória preserva.

Por fim, nossa discussão foca em uma série de exposições que merece atenção, a "Lançamentos do Ano", realizadas entre 1961 e 1963, e de 1965 a 1970, essa exposição visava:

> Essa exposição, em consequência, corresponde a uma prova que assegura a importância da indústria brasileira do livro. Na seleção dos lançamentos, que constitui a exposição, a Biblioteca Nacional atinge o objetivo que é o de, fixando a qualidade material da produção, revelar os caminhos do movimento editorial de 1961. É uma especie de visão por inteiro. Os aspectos maiores — na reedição de autores clássicos, na cobertura aos estreantes, na órbita das traduções atestam que ha uma indústria a serviço do país na base do seu próprio processo de mudança. (Adonias Filho, 1961, p. 6).

Como evidencia o catálogo de 1962, a exposição tinha "um sentido de documentação" (Adonias Filho, 1962), já que evidenciava a indústria nacional do livro, mas somente aquela que havia cumprido a Lei de Depósito Legal de

1907, que era a que vigorava no período, e remetia à instituição um exemplar de cada obra que editava. Assim, a instituição cobrava, de forma indireta, o dever com o nacional de cada editor e buscava fazer a instituição cumprir a sua missão de salvaguardar a memória bibliográfica nacional.

Assim, nesse momento, retomamos a definição de Faria e Pericão (2008) para catálogo de exposição, quando as autoras citam "[...] No caso de exposições bibliográficas, o catálogo pode mesmo funcionar como bibliografia sobre determinado assunto, autor ou coleção" (Faria; Pericão, 2008, p. 147, grifo nosso), assim, o intuito também era construir uma bibliografia nacional.

De fato, há outro componente interessante a se observar, o Instituto Nacional do Livro, ao ser criado em 1937, toma boa parte das funções que antigamente eram da Biblioteca, talvez, ao realizar a exposição, a BN queira reafirmar o seu papel de depositária da memória nacional e maior biblioteca do país, mesmo que seu papel de liderança com relação às congêneres tenha sido tomado pelo INL.

Ao todo, foram realizadas nove edições da exposição e seu catálogo, como era de se esperar, diferentemente dos outros, era organizado pela Classificação Decimal de Dewey (CDD), dividindo as obras por assuntos a partir das notações para eles estabelecidas pelo sistema estadunidense de organização bibliotecária.

Houve, ainda, inúmeras exposições biográficas, ressaltando personagens de relevo para a história e letras nacionais, a exemplo de Clóvis Beviláqua, Cruz e Sousa, Gonçalves Dias, Raul Pompeia, Euclides da Cunha, Hipólito da Costa, dentre outros, evidenciando o caráter que as exposições têm de rememorar e comemorar personagens e datas marcantes para a Nação.

6

INFLEXÃO:
A BIBLIOTECA NACIONAL BRASILEIRA E O
SÉCULO XXI

Caro leitor, escrever a conclusão de um texto, para mim, é sempre tarefa árdua. Escrevi esta obra não para dar respostas, mas para oferecer alguns olhares sobre a instituição que conheço e pesquiso há duas décadas, onde percebo que a história da Biblioteca Nacional se confunde e se emaranha com a História do Brasil, afinal, parte da historiografia nacional foi construída a partir dos documentos por elas custodiados.

Ao propor me debruçar sobre como se dá a construção do Nacional e da Nação, sob o ponto de vista historiográfico e memorialístico, a partir das exposições, dos acervos nominados Memória do Mundo e dos conteúdos dos Anais, busquei sempre tecer relações com a missão institucional da Biblioteca, compreender a fabricação de um patrimônio como alude a epígrafe desta obra.

Guiei-me, é claro, por sinais, vestígios, rastros e restos, que me permitiram construir pontes entre o presente e o passado. O mais curioso é que no planejamento de tais pontes, por vezes cheguei a lugares que não esperava (e que grata surpresa!). Quando estava escrevendo os capítulos, por vezes, parei e fiquei algum tempo sem mexer no texto refletindo sobre os caminhos e labirintos em que entrava, perguntando-me onde iria parar... Por vezes, o labirinto borgeano me engoliu, mas, aos poucos, ao olhar com mais atenção, encontrava o fio de Ariadne e retomava meu caminho, chegando a conclusões que me deixaram bastante motivado.

Pesquisar para mim é um prazer, sempre faço questão de citar Ramiz Galvão em um de seus textos dos Anais em que ele fala sobre suas delícias e agonias. Gosto tanto de tal fala que ela serviu de epígrafe à minha tese e tatuei parte dela no meu braço[47]. Portanto, é natural que me encontre na Biblioteca Nacional, afinal, construir fontes e auxiliar na pesquisa sempre esteve no seu cerne e daí advém uma gama de reflexões que povoarão este trecho final do livro.

Hoje, a BN tem 213 anos, lembro que, há uns dois anos, um articulista escreveu um texto em que questionava qual o papel da instituição a não ser cenário de *selfies* dos turistas, graças ao seu prédio esplendoroso.

Na ocasião, escrevi uma carta aberta respondendo o artigo, no qual mencionava que o prédio da Nacional deveria condizer com a grandeza do que repousa em suas estantes — Peregrino da Silva citava isso já em sua inauguração, em 1910. Mas, para além disso, citava que a Biblioteca era heroica em possuir um acervo de milhões de itens, já que ele debochava do tamanho da nossa Nacional, se comprada à Library of Congress (EUA). Heroica porque ao Brasil só foi permitido editar e publicar obras há pouco mais de 200 anos. Heroica porque, apesar do descaso estatal, é uma das maiores e mais importantes instituições do mundo. Nas suas estantes, arcazes, mapotecas, arquivos estão custodiados documentos que são Memória do Mundo (nominados ou não). Heroica porque é uma das custodiadoras da Coleção Memória Nacional, sendo partícipe ativa na construção de uma memória nacional e na escrita da história pátria. Heroica porque, mesmo diante de um cenário em que a Lei de Depósito Legal é descumprida, as punições inexistentes, busca-se completar a sua Coleção por meio de acordos e cooperação com as mais variadas instituições brasileiras e estrangeiras.

É claro que o século XXI chegou e trouxe mais desafios, o maior deles, o imenso estoque informacional que é produzido diariamente no ambiente da web. A criação da Hemeroteca, por exemplo, permitiu o acesso a milhões de publicações que dantes só a consulta *in loco* permitia e ela é um dos exemplos de iniciativas da instituição e que é sucesso absoluto. Mas e o livro digital? Já estamos pensando em como realizar o depósito dele? Afinal, existem obras que só são editadas neste formato. Assim, como fica a Memória do Futuro?

---

[47] A citação é a seguinte: "E o que dizer dos encantos da pesquiza bibliographica, em que o corpo não sente cansaço, porque a tensão do espirito o-sustenta; do affan com que se-corre atraz de uma informação preciosa ou de um documento ignorado, - labor em que se não sente o passar das horas; dos veios preciosos que se-descobrem em caminho a cada passo, indemnizando a pequena mágua d'um insuccesso; o que dizer afinal do achado feliz dos thesouros que se-buscavam, ou da decifração de um enigma que até então se-julgára insoluvel? Que momentos de prazer indizivel não proporciona, que victorias sem sombra, que alegrias serenas, que doce consolação do tempo consumido!" (Ramiz Galvão, 1884-1885, p. 109).

A Lei de Depósito Legal continua a ser negligenciada pelas editoras — sempre com a desculpa do alto custo, mas e o custo ao legado intelectual do país? Talvez, um caminho seja, novamente, recorrer à lisonja de ter uma obra nas prateleiras do maior repositório de conhecimento da América Latina, o que traz apelo ao dever com o nacional de depositar um exemplar na BN, a fim de salvaguardar a memória de nosso país. Se não a mais um monarca a ser honrado, a Nação deve ser exultada. Além disso, devemos lembrar que findo o direito patrimonial sobre a obra, é a sua existência nas prateleiras da BN que permitirá a defesa de sua integridade frente ao domínio público, algo que poucas pessoas se lembram.

Talvez, a maior missão da Biblioteca Nacional no século XXI seja se configurar verdadeiramente como um repositório do Nacional. Explico: durante muito tempo, as instituições de memória foram o refúgio das elites, um meio de se perpetuarem, logo, os acervos foram tomados por doações de personalidades políticas e intelectuais. Não negamos, obviamente, sua relevância, mas observamos que pouco (ou nenhum espaço) foi legado às classes menos abastadas, as hoje denominadas minorias.

Sendo assim, o espelho que temos, quando olhamos os acervos e coleções que compõem a Nacional, permite perceber ausências muito mais do que presenças. Poucas mulheres, negros e indígenas, a maioria esmagadora é de homens, brancos, ricos e poderosos.

Mas os primeiros passos já começam a ser dados, e vimos isso aqui com a nominação como Memória do Mundo dos acervos de Lima Barreto (negro e alcóolatra) e da coleção Imprensas negra e abolicionista do século XIX. Ambos os patrimônios destoam do tradicional, evidenciam e dão voz ao que durante muito tempo ficou esquecido ou camuflado, como o fato do problema de Lima Barreto com as bebidas, ou a existência de jornais, já em meados do século XIX cuja pauta era a Abolição e o papel do negro no social.

Mas não posso me esquecer de que não é por falta de vontade do corpo de funcionários que mais acervos como esses não ganham a luz, mas, sim, o descaso com que a Nacional e outras instituições congêneres são tratadas há anos. Para que o trabalho alcance mais e mais pessoas e avance em suas descobertas, é necessário estrutura, condições de trabalho, pessoal em número suficiente às demandas de uma instituição do seu porte.

Seria leviano não mencionar que outra característica heroica da Nacional é e sempre foi o seu corpo de funcionários. Sempre comprometidos em fazer a instituição cumprir o seu papel social e avançar na construção de fontes sobre e da história e memória do país, da Nação. Já destacamos vários nomes, mas, desde Joaquim Dâmaso, em 1810, antes mesmo do Brasil Independente, podemos perceber o esforço dos funcionários em valorizar a instituição.

Logo, a Biblioteca Nacional do século XXI deve se empenhar em permanecer como um polo de cultura e erudição, construtora de um Nacional cada vez mais largo e agregador, um celeiro de pessoas comprometidas com a história e memória do Brasil.

REFERÊNCIAS

ABREU, Regina. **A fabricação do imortal**. Rio de Janeiro: Rocco: Lapa, 1996.

ADONIAS FILHO. [Apresentação]. *In*: BIBLIOTECA NACIONAL. **Exposição lançamentos do ano, 1961**. Rio de Janeiro, RJ: Biblioteca Nacional, 1961. 99 p. Disponível em: http://objdigital.bn.br/objdigital2/acervo_digital/div_iconografia/icon1285838/icon1285838.pdf. Acesso em: 5 nov. 2023.

ADONIAS FILHO. [Apresentação]. *In*: BIBLIOTECA NACIONAL. **Exposição lançamentos do ano, 1962**. Rio de Janeiro, RJ: Biblioteca Nacional, 1962. 105 p. Disponível em: http://objdigital.bn.br/objdigital2/acervo_digital/div_iconografia/icon1285802/icon1285802.pdf. Acesso em: 5 nov. 2023.

ALTMAN, Max. Hoje na História: Igreja acaba com o index de livros proibidos. **Opera Mundi**, [*s. l.*], 19 set. 2023. Disponível em: http://operamundi.uol.com.br/conteudo/noticias/3594/conteudo+opera.shtml. Acesso em: 10 jun. 2016.

ANAIS DA BIBLIOTECA NACIONAL. Rio de janeiro: Biblioteca Nacional, 1876. Anual.

ANDERSON, Benedict. **Comunidades Imaginadas**: Reflexões sobre a origem e difusão do Nacionalismo. São Paulo: Cia das Letras, 2008.

ANTONIL, André João. **Cultura e Opulencia do Brasil por suas drogas, e minas**: com várias notícias curiosas do modo de fazer o assucar; plantar, & beneficiar o Tabaco; tirar Ouro das Minas; & descubrir as da Prata; e dos grandes emolumentos, que esta Conquista da América Meridional dá ao Reyno de Portugal com estes, et outros generos, et Contratos Reaes. Lisboa: na Officina Real Deslandesiana, 1711, p. 205 il. (Coleção: Brasiliana).

ARAUJO, Jullyana Monteiro Guimarães. A coleção especial como patrimônio bibliográfico no Brasil: uma abordagem conceitual. **Memória e Informação**, [*s. l.*], v. 4, n. 2, p. 75-97, jul./dez. 2020. Disponível em: http://memoriaeinformacao.casaruibarbosa.gov.br/index.php/fcrb/article/view/132/89. Acesso em: 27 mar. 2023.

BÁEZ, Fernando. **História universal da destruição dos livros**: das tábuas sumérias à guerra do Iraque. Rio de Janeiro: Ediouro, 2006.

BARBIER, Frédéric. **História das bibliotecas**: de Alexandria às bibliotecas virtuais. São Paulo: Edusp, 2018.

BARATIN, Marc; JACOB, Christian (org.). **O poder das bibliotecas**: a memória dos livros no ocidente. Rio de Janeiro: UFRJ, 2000.

BASQUES, Cristiane. **O patrimônio arquivístico brasileiro diante dos riscos de destruição**: estudo sobre a vulnerabilidade dos acervos, as ações estatais de proteção e os limites. 2014. 222f. Dissertação (Mestrado em Ciência da Informação) – Programa de Pós-Graduação em Ciência da Informação, Faculdade de Ciência da Informação, Universidade de Brasília, Brasília, 2014.

BAUDRILLARD, Jean. **O sistema dos objetos**. 2. ed. São Paulo: Perspectiva, 1989.

BENJAMIN, Walter. O colecionador. *In*: BENJAMIN, Walter. **Passagens**. Belo Horizonte: Editora da UFMG; São Paulo: Imprensa Oficial do Estado de São Paulo, 2006. p. 237-246.

BERGSON, Henri. **Matéria e memória**: ensaio sobre a relação do corpo com o espírito. 3. ed. São Paulo: Martins Fontes, 2006.

BIBLIOTECA NACIONAL. Catálogo de Exposição da História do Brasil. **Annaes da Bibliotheca Nacional**, Rio de Janeiro, v. 9, tomo I e II, 1881.

BIBLIOTECA NACIONAL. **A memória das constituições brasileiras**: catálogo da exposição. Rio de Janeiro, RJ: A Biblioteca, 1986. Disponível em: http://objdigital. bn.br/objdigital2/acervo_digital/div_iconografia/icon698688/icon698688.pdf. Acesso em: 5 nov. 2023.

BIBLIOTECA NACIONAL. **The Emperor's collection**: Brazilian and foreign photography in the nineteenth century: Memory of the World Register Nomination. Rio de Janeiro, 2004.

BIBLIOTECA NACIONAL. **Carta de Abertura dos Portos**: Candidatura ao Registro Memória do Mundo do Brasil. Rio de Janeiro, 2008.

BIBLIOTECA NACIONAL. **Manuscritos Musicais de Carlos Gomes**: Candidatura ao Registro Memória do Mundo do Brasil. Rio de Janeiro, 2009.

BIBLIOTECA NACIONAL. Catálogos das Exposições de 1880 a 2010. Rio de Janeiro: Biblioteca Nacional, c2010. Disponível em: http://bndigital.bn.gov.br/projetos/200anos/exposicoes.html. Acesso em: 20 out. 2023.

BIBLIOTECA NACIONAL. **Coleção Alexandre Rodrigues Ferreira**: Candidatura ao Registro Memória do Mundo do Brasil. Rio de Janeiro, 2010.

BIBLIOTECA NACIONAL. **Atlas e mapa do cartógrafo Miguel Antônio Ciera**: Candidatura ao Registro Memória do Mundo do Brasil. Rio de Janeiro, 2012.

BIBLIOTECA NACIONAL. **Manuscritos Musicais de Ernesto Nazareth**: Candidatura ao Registro Memória do Mundo do Brasil. Rio de Janeiro, 2013.

BIBLIOTECA NACIONAL. **Cartas Andradinas**: Candidatura ao Registro Memória do Mundo do Brasil. Rio de Janeiro, 2014a.

BIBLIOTECA NACIONAL. **The War of the Triple Alliance Iconographic and cartographic presentations**: International Memory of the World Register. Rio de Janeiro, 2014b.

BIBLIOTECA NACIONAL. **Cultura e Opulência do Brasil**: Candidatura ao Registro Memória do Mundo do Brasil. Rio de Janeiro, 2015.

BIBLIOTECA NACIONAL. **Arthur Ramos**: Candidatura ao Registro Memória do Mundo do Brasil. Rio de Janeiro, 2016a.

BIBLIOTECA NACIONAL. Matrizes de gravura da Casa Literária do Arco do Cego. *In*: BIBLIOTECA NACIONAL. **Coleção Memória do Mundo da Biblioteca Nacional**. Rio de Janeiro: Biblioteca Nacional, 2016b. p. 20-29.

BIBLIOTECA NACIONAL. **Lima Barreto**: Candidatura ao Registro Memória do Mundo do Brasil. Rio de Janeiro, 2017.

BIBLIOTECA NACIONAL. **Imprensas negra e abolicionista do século XIX na Biblioteca Nacional**: Candidatura ao Registro Memória do Mundo do Brasil. Rio de Janeiro, 2018.

BIBLIOTECA NACIONAL. **Histórico**. Rio de Janeiro: Biblioteca Nacional, [2018]. Disponível em: https://www.bn.gov.br/sobre-bn/historico. Acesso em: 3 ago. 2021.

BIBLIOTECA NACIONAL. **Exposição lançamentos do ano, 1961**. Rio de Janeiro, RJ: Biblioteca Nacional, 1961. 99 p. Disponível em: http://objdigital.bn.br/objdigital2/acervo_digital/div_iconografia/icon1285838/icon1285838.pdf. Acesso em: 5 nov. 2023.

BRAGANÇA, Aníbal. Antecedentes da instalação hipertardia da tipografia no Brasil (1747-1808). **Floema** (UESB), [*s. l.*], v. 5A, p. 115-137, 2009.

BRASIL. Decreto nº 6.141, de 4 de março de 1876: Reforma a Bibliotheca Publica do Rio de Janeiro. *In*: BRASIL. **Collecção de Leis do Império do Brazil**: tomo XXXIX, parte II, v. 1. Rio de Janeiro: Typographia Nacional, 1877. p. 287-299.

BRASIL. Decreto nº 1.825, de 20 de dezembro de 1907: Dispõe sobre a remessa de obras impressas á Bibliotheca Nacional. **Diário Oficial da União**, Brasília, 21 dez. 1907.

BRASIL. Lei nº 10.994, de 14 de dezembro de 2004. **Diário Oficial da União**, Brasília, 15 dez. 2004.

CALDEIRA, Ana Paula Sampaio. **Colecionar, escrever a História**: a História de Portugal e de suas possessões na perspectiva do bibliófilo Diogo Barbosa Machado. 2007. Dissertação (Mestrado em História) – Universidade Federal do Rio de Janeiro, Rio de Janeiro, 2007.

CALDEIRA, Ana Paula Sampaio. **O Bibliotecário Perfeito**: o historiador Ramiz Galvão na Biblioteca Nacional. Porto Alegre; Rio de Janeiro: Edipucrs: Fundação Biblioteca Nacional, 2017b.

CALDEIRA, Ana Paula Sampaio. Ramiz Galvão e a ideia de biblioteca como vitrine da Nação: modelos europeus e trocas culturais no processo de modernização da Biblioteca Nacional. **História**, [s. l.], v. 36, ed. 24, p. 1-30, 2017a. Disponível em: https://repositorio.ufmg.br/bitstream/1843/53922/2/AnaPaulaRamizGalvao.pdf. Acesso em: 10 ago. 2023.

CARVALHO, José Murilo de. **Os Bestializados**: o Rio de Janeiro e a República que não foi. São Paulo: Companhia das Letras, 1987.

CHARTIER, Roger. O Príncipe, a biblioteca e a dedicatória. *In*: BARATIN, Marc; JACOB, Christian (org.). **O poder das bibliotecas**: a memória dos livros no ocidente. Rio de Janeiro: UFRJ, 2000. p. 182-199.

CHAUÍ, Marilena. A nação como semióforo. *In*: CHAUÍ, Marilena. **Brasil**: mito fundador e sociedade autoritária. São Paulo: Perseu Ábramo, 2000. p. 8-30.

CUNHA, Lygia da Fonseca Fernandes da. Introdução. *In*: BIBLIOTECA NACIONAL. **Biblioteca Nacional**: memória e informação. Rio de Janeiro, RJ: Biblioteca Nacional, 1990. p. 11-17 Disponível em: http://objdigital.bn.br/objdigital2/acervo_digital/div_iconografia/icon1149700/icon1149700.pdf. Acesso em: 5 nov. 2023.

CUNHA, Murilo Bastos da; CAVALCANTI, Cordélia R. **Dicionário de biblioteconomia e arquivologia**. Brasília: Briquet De Lemos, 2008.

DESVALLÉES, André; MAIRESSE, François. **Conceitos-chave de Museologia**. São Paulo: Comitê Brasileiro do Conselho Internacional de Museus; Pinacoteca do Estado de São Paulo, 2013.

ENCICLOPAEDIA BRITANNICA. **Pedro I**. [*S. l.*]: Enciclopaedia Britannica, c2023. Disponível em: https://www.britannica.com/biography/Pedro-I. Acesso em: 1 maio 2023.

ENCICLOPAEDIA BRITANNICA. **Pedro II**. [*S. l.*]: Enciclopaedia Britannica, c2023. Disponível em: https://www.britannica.com/biography/Pedro-II. Acesso em: 1 maio 2023.

FARIA, Maria Isabel; PERICÃO, Maria da Graça. **Dicionário do livro**: da escrita ao livro eletrônico. São Paulo: EDUSP, 2008.

FERREIRA, Antonio Luiz. [**Biblioteca Nacional na Rua do Passeio**: fachada]. Rio de Janeiro, RJ: [*s. n.*], 1902. Disponível em: http://acervo.bndigital.bn.br/sophia/index.asp?codigo_sophia=80608. Acesso em: 5 nov. 2023.

FERREIRA, Lívia. **Memoricídio**: em busca de um conceito. 2022. Trabalho de Conclusão de Curso (Bacharel em Biblioteconomia e Documentação) – Universidade Federal Fluminense, Niterói, 2022.

FERREZ, Marc. **Bibliotheca Nacional**. [*S. l.*]: Marc Ferrez & Filhos, [1910?]. Disponível em: http://acervo.bndigital.bn.br/sophia/index.asp?codigo_sophia=80770. Acesso em: 5 nov. 2023.

FIANKAN-BOKONGA, Catherine. Uma resolução histórica para proteger o patrimônio cultural. **Correio da Unesco**, [*s. l.*], out./dez. 2017. Disponível em: https://pt.unesco.org/courier/2017nian-di-3qi/uma-resolucao-historica-proteger-o-patrimonio-cultural. Acesso em: 20 set. 2023.

FREIRE, Stefanie Cavalcanti. **Biografia de uma biblioteca**: o caso do Instituto Histórico e Geográfico Brasileiro (1838-1938). 2023. Tese (Doutorado em História) – Universidade do Estado do Rio de Janeiro, Rio de Janeiro, 2023.

GAUDIE LEY, Caio da Gama; JUVÊNCIO, Carlos Henrique. O legado do curso de Biblioteconomia para a Biblioteca Nacional: os primeiros egressos. **Conhecimento em Ação**, [*s. l.*], v. 5, n. 1, jan./jun. 2020.

GRINGS, Luciana. **O leigo e a especialista**: memórias da administração da Biblioteca Nacional nas décadas de 1960 e 1970. Rio de Janeiro: Fundação Biblioteca Nacional, 2019.

HOBBS, Catherine. O caráter dos arquivos pessoais: reflexões sobre o valor dos documentos de indivíduo. *In*: HEYMANN, Luciana; NEDEL, Letícia (org.). **Pensar os arquivos**: uma antologia. Rio de Janeiro: FGV, 2018. p. 261-274.

JARAMILLO, Orlanda; MARÍN-AGUDELO, Sebastián-Alejandro. Patrimonio bibliográfico en la biblioteca pública: memorias locales e identidades nacionales. **El Profesional de la Información**, [*s. l.*], v. 23, n. 4, p. 425-432, 2014. Disponível em: https://recyt.fecyt.es//index.php/EPI/article/view/epi.2014.jul.11. Acesso em: 10 out. 2023.

JUVÊNCIO, Carlos Henrique. Coleção Ernesto Senna: a construção de uma memória. **Anais da Biblioteca Nacional**, [*s. l.*], v. 128, p. 45-78, 2008.

JUVENCIO, Carlos Henrique. La Biblioteca Nacional brasileña y la formación de Brasil: entre libros y símbolos. *In*: GARCÍA, Felipe Barcenas e GRAVIER, Marina Garone. **Las fronteras de las letras**: Innovación-regulación de la cultura escrita. Pasado y presente. Cidade do México: Solar Editores, 2022. p. 81-104.

JUVÊNCIO, Carlos Henrique. **Manoel Cícero Peregrino da Silva, a Biblioteca Nacional e as origens da Documentação no Brasil**. 2016. 2 v., il. Tese (Doutorado em Ciência da Informação) – Universidade de Brasília, Brasília, 2016.

JUVÊNCIO, Carlos Henrique; RODRIGUES, Georgete Medleg. A Bibliografia Nacional Brasileira: histórico, reflexões e inflexões. **InCID**: Revista de Ciência da Informação e Documentação, [*s. l.*], v. 7, n. esp, p. 165-182, 2016.

JUVÊNCIO, Carlos Henrique; RODRIGUES, Georgete Medleg. A internacionalização da Biblioteca Nacional: Identificação das ações nos relatórios institucionais (1905-1915). **Perspectivas em Ciência da Informação**, [*s. l.*], v. 18, n. 3, p. 149-159, set. 2013. Disponível em: http://portaldeperiodicos.eci.ufmg.br/index.php/pci/article/view/1772. Acesso em: 8 ago. 2021.

LAPA, Iuri; JORDÃO, Lia. **A Biblioteca Nacional na crônica da cidade**: A cidade, o leitor. Rio de Janeiro: Fundação Biblioteca Nacional, 2017.

LOUSADA, Wilson. Apresentação. *In*: BIBLIOTECA NACIONAL. **Independência do Brasil**: sesquicentenário, 1822-1972. Rio de Janeiro, RJ: Biblioteca Nacional, Divisão de Publicações e Divulgação, 1972. p. 5-6. Disponível em: http://objdigital.bn.br/objdigital2/acervo_digital/div_iconografia/icon1285835/icon1285835.pdf. Acesso em: 5 nov. 2023.

LUCCHESI, Marco. Uma defesa do infinito. *In*: BIBLIOTECA NACIONAL. **Biblioteca Nacional 200 Anos**: uma defesa do infinito. Rio de Janeiro, RJ: Fundação

Biblioteca Nacional, 2010. p. 10-12. Disponível em: http://objdigital.bn.br/objdigital2/ acervo_digital/div_obrasgerais/drg1307601/drg1307601.pdf. Acesso em: 5 nov. 2023.

MELLO, José Alexandre Teixeira de. Relatorio. **Annaes da Bibliotheca Nacional do Rio de Janeiro**, [s. l.], v. 22, p. 242-281, 1900. Disponível em: http://objdigital. bn.br/acervo_digital/anais/anais_022_1900.pdf. Acesso em: 10 ago. 2023.

MENEGAZ, Ronaldo. Apresentação. *In*: BIBLIOTECA NACIONAL. **Biblioteca Nacional**: memória e informação. Rio de Janeiro, RJ: A Biblioteca, 1990. p. 9-10. Disponível em: http://objdigital.bn.br/objdigital2/acervo_digital/div_iconografia/ icon1149700/icon1149700.pdf. Acesso em: 5 nov. 2023.

NOGUEIRA, Maria Fernanda (org.). **Lima Barreto**: no curso da vida e das leituras: inventário analítico do arquivo pessoal do autor na Fundação Biblioteca Nacional. Rio de Janeiro: Fundação Biblioteca Nacional, 2023. (Coleção Rodolfo Garcia; v. 48). Disponível em: https://www.gov.br/bn/pt-br/central-de-conteudos/producao/publi- cacoes/colecoes/colecao-rodolfo-garcia/catalogo-lima-barreto. Acesso em: 4 ago. 2023.

NORA, Pierre. Entre Memória e História: a problemática dos lugares. **Projeto História**, [s. l.], v. 10, out. 1993.

OLIVEIRA, Lúcia Maria Velloso de; MACÊDO, Patrícia Ladeira Penna; SOBRAL, Camilla Campoi. Arquivos pessoais e intimidade: da aquisição ao acesso. **Revista do Arquivo**, [s. l.], ano 2, n. 4, mar. 2017.

ORGANIZAÇÃO DAS NAÇÕES UNIDAS PARA EDUCAÇÃO, CIÊNCIA E CUL- TURA. **Memory of the world**. [S. l.] : UNESCO, c2023. Disponível em: https:// www.unesco.org/en/memory-world. Acesso em: 10 out. 2023..

PEREIRA, Paulo Roberto. A semente, a árvore e o fruto da brasiliana. *In*: BIBLIO- TECA NACIONAL. **500 anos de Brasil na Biblioteca Nacional**. Rio de Janeiro, RJ: Fundação Biblioteca Nacional, 2000. p. 12-16. Disponível em: http://objdigital. bn.br/objdigital2/acervo_digital/div_iconografia/icon1016851/icon1016851.pdf. Acesso em: 5 nov. 2023.

PINHEIRO, Andréa de Souza; VON HELDE, Rosângela Rocha; PEREIRA, Sílvia Fernandes. **Glossário ilustrado de livros raros e acervos de memória**. Rio de Janeiro: Fundação Biblioteca Nacional, 2023. (Coleção Rodolfo Garcia; v. 49).

POLLAK, Michael. Memória, esquecimento, silencio. **Estudos Históricos**, Rio de Janeiro, v. 2, n. 3, p. 3-15, 1989.

POMIAN, Krzstof. Coleção. *In*: GIL, Fernando. **Memória-História**. Enciclopédia Einaudi, v. 1. Ed. Portuguesa. Lisboa: Imprensa Nacional/Casa da Moeda, 1984. p. 51-86.

PORTELLA, Eduardo. A Cidade do Livro e seus arredores. *In*: BIBLIOTECA NACIONAL. **500 anos de Brasil na Biblioteca Nacional**. Rio de Janeiro, RJ: Biblioteca Nacional, 2000. p. 10-11. Disponível em: http://objdigital.bn.br/objdigital2/acervo_digital/div_iconografia/icon1016851/icon1016851.pdf. Acesso em: 5 nov. 2023.

RAMIZ GALVÃO, Benjamin Franklin Ramiz Galvão, Barão de. [Apresentação]. **Annaes da Bibliotheca Nacional do Rio de Janeiro**, [*s. l.*], v. 9, tomo I e II, 1881.

RAMIZ GALVÃO, Benjamin Franklin Ramiz Galvão, Barão de. Fr. Camillo de Monserrate: estudo biographico. **Annaes da Bibliotheca Nacional do Rio de Janeiro**, [*s. l.*], v. 12, 1884-1885.

RANGANATHAN, Shiyali Ramamritam. **The Five Laws of Library Science**. London: Edward Goldston. 1931.

REITZ, Joan M. Online **Dictionary for Library and Information Science**. [Estados Unidos]: ABC-CLIO, 2013c. Disponível em: http://www.abc- clio.com/ODLIS/odlis_A.aspx. Acesso em: 25 ago. 2023.

RODRIGUES, José Honório. [Apresentação]. *In*: BIBLIOTECA NACIONAL. **Exposição da Independência do Brasil**. Rio de Janeiro, RJ: Biblioteca Nacional, 1952. p. 2. Disponível em: http://objdigital.bn.br/objdigital2/acervo_digital/div_iconografia/icon167653/icon167653.pdf. Acesso em: 5 nov. 2023.

SACRAMENTO BLAKE, Augusto Victorino Alves. **Diccionario Bibliographico Brazileiro** (v. 1-7). Rio de Janeiro: Typographia Nacional, 1893-1902.

SCHWARCZ, Lilia Moritz; COSTA, Angela Marques; AZEVEDO, Paulo Cesar de. **A longa viagem da Biblioteca dos Reis**: do terremoto de Lisboa à Independência do Brasil. São Paulo: Companhia das Letras, 2002.

SCHWARTZMAN, Simon. **Um espaço para a ciência**: a formação da comunidade científica no Brasil. Brasília: Ministério da Ciência e da Tecnologia, 2001. (Coleção Brasil, Ciência e Tecnologia; 1).

SILVA, Manoel Cícero Peregrino da. Relatorio apresentado ao sr. Dr. Epitacio da Silva Pessoa: 1900. **Annaes da Bibliotheca Nacional do Rio de Janeiro**, [*s. l.*], v.

23, p. 587-639, 1901. Disponível em: http://objdigital.bn.br/acervo_digital/anais/anais_023_1901.pdf. Acesso em: 10 ago. 2023.

SILVA, Manoel Cícero Peregrino da. A Bibliotheca Nacional em 1908. **Annaes da Bibliotheca Nacional do Rio de Janeiro**, [*s. l.*], v. 31, p. 654-678, 1909. Disponível em: http://objdigital.bn.br/acervo_digital/anais/anais_031_1909.pdf. Acesso em: 10 ago. 2023.

SILVA, Manoel Cícero Peregrino da. A Bibliotheca Nacional em 1911. **Annaes da Bibliotheca Nacional do Rio de Janeiro**, [*s. l.*], v. 34, p. 648-684, 1912. Disponível em: http://objdigital.bn.br/acervo_digital/anais/anais_034_1912.pdf. Acesso em: 10 ago. 2023.

SILVA, Manoel Cícero Peregrino da. A Bibliotheca Nacional em 1912. **Annaes da Bibliotheca Nacional do Rio de Janeiro**, [*s. l.*], v. 35, p. 419-442, 1913. Disponível em: http://objdigital.bn.br/acervo_digital/anais/anais_035_1913.pdf. Acesso em: 10 ago. 2023.

SILVA, Manoel Cícero Peregrino da. Da remodelação por que passou a Bibliotheca Nacional e vantagens d'ahi resultantes. **Annaes da Bibliotheca Nacional do Rio de Janeiro**, [*s. l.*], v. 35, p. 1-9, 1913.

SODRÉ, Muniz. [Apresentação]. *In*: BIBLIOTECA NACIONAL. **Biblioteca Nacional 200 Anos**: uma defesa do infinito. Rio de Janeiro, RJ: Fundação Biblioteca Nacional, 2010. p. 6-7. Disponível em: http://objdigital.bn.br/objdigital2/acervo_digital/div_obrasgerais/drg1307601/drg1307601.pdf. Acesso em: 5 nov. 2023.

TAUILE, José Ricardo. Uma introdução à Economia Política da informação. **Ensaios FEE**, Porto Alegre, v. 2, n. 2, p. 89-108, 1981.

APÊNDICE A

RELAÇÃO DOS SUMÁRIOS DOS ANAIS DA BIBLIOTECA NACIONAL

VOLUME	TÍTULO	AUTORIA
	Advertencia Preliminar	B. F. Ramiz Galvão
	Diogo Barbosa Machado	B. F. Ramiz Galvão
	P.e José de Anchieta (Chartas ineditas)	J. A. Teixeira de Mello
	A Collecção Camoneana da Bibliotheca Nacional	João de Saldanha da Gama
	Alexandre Rodrigues Ferreira (Noticia das obras manuscriptas e ineditas relativas á viagem philosophica do Dr. A. R. Ferreira pela capitanias do Grão Pará, Rio Negro, Matto-Grosso e Cuyabá. 1783-92)	A. Do Valle Cabral
1	Um Paleotypo Hispanhol	A. J. Fernandes d'Oliveira
	Dos Nigellos	J. Z. Menezes Brum
	Galeria dos Bibliothecarios da Bibliotheca Nacional do Rio de Janeiro	A. Do V. Cabral
	Innocencio Francisco da Silva	A. Do V. Cabral
	Variedades	
	C. M. de La Condamine (Charta autographa e inedita)	F. de Moreira Sampaio
	Relação dos mapas, chartas, planos, plantas e perspectivas geographicas, relativas á America Meridional, que se conservam na secção de mss. da Bibliotheca Nacional do Rio de Janeiro	A. Do V. Cabral

VOLUME	TÍTULO	AUTORIA
1	A Biblia de Moguncia. 1462	A. J. Fernandes d'Oliveira
	Bibliographia Brazilica (Estudos)	A. Do V. Cabral
	Iconographia. Noel Garnier. Cinco estampas ainda não descriptas (Addições a Robert-Dumesnil)	J. Z. Menezes Brum
	Claudio Manuel da Costa (Estudo)	J. A. Teixeira de Mello
2	Do Conde da Barca, de seus escriptos e livraria	J. Z. de Menezes B
	Collecção Camoneana da Bibliotheca Nacional	João Saldanha da Gama
	Pe José de Anchieta (chartas inéditas)	J. A. Teixeira de Mello
	Diogo Barbosa Machado (Catal. de suas collecções),	B. F. Ramiz G
	Alexandre Rodrigues Ferreira. Notícia das obras manuscriptas e inéditas relativas á viagem, philosóphica &	A. Do Valle Cabral
	C. M. de La Condamine (Nota),	F. Moreira Sampaio
	Etymologias brazilicas,	A. Do Valle Cabral
	Variedade,	T. de M.
	Cláudio Manuel da Costa,	J. A. Teixeira de Mello.
	Silvestre Pinheiro Ferreira. Memórias e cartas biographicas	
3	Collecção Camoneana da Bibliotheca Nacional	João Saldanha da Gama
	Alexandre Rodrigues Ferreira. Notícia das obras manuscriptas e inéditas relativas á viagem, philosóphica &	A. Do Valle Cabral
	Rezultado dos trabalhos e indagações statisticas da Província de Mato-Grosso	Luiz D'Alincourt (Introducção de A. do Valle Cabral)
	Diogo Barbosa Machado (Catal. de suas collecções),	B. F. Ramiz G
	Silvestre Pinheiro Ferreira. Memórias e cartas biographicas	

A BIBLIOTECA E A NAÇÃO: ENTRE CATÁLOGOS, EXPOSIÇÕES, DOCUMENTOS E MEMÓRIA

VOLUME	TÍTULO	AUTORIA
3	Notas bibliographicas (Addições a Barbosa e Innocencio da Silva),	B. F. Ramiz Galvão
	Chartas de Anchieta,	J. A. Teixeira de Mello
	Laurindo J. da S. Rebello	J. A. Teixeira de Mello
	Joseph de Alencar	J. A. Teixeira de Mello
4	Catalogo Dos Manuscriptos Da Bibliotheca Nacional: Parte Primeira: Manuscriptos Relativos Ao Brazil	
5	Catalogo dos manuscriptos da Bibliotheca Nacional do Rio de Janeiro (Tomo II.)	
6	Manuscripto Guarani da Bibliotheca Nacional do rio de Janeiro sôbre a primitiva catechese dos índios das Missões composto em castelhano pelo P. António Ruiz Montoya, vertido para Guarani por outro Padre jesuita e agor publicado com a traducção portugueza, notas e um esbôço grammatical do Abáñeê	Baptista Caetano de Almeida Nogueira
7	VOCABULÁRIO DAS PALAVRAS GUARANIS USADAS PELO TRADUCTOR Da «CONQUISTA ESPIRITUAL» DO Padre A. RUIZ De MONTOYA	
8	Memória sobre o exemplar dos Lusiadas da bibliotheca particular de S. M. o Imperador,	J. F. de Castilho
	Rezultado dos trabalhos e indagações statisticas da provincia de Matto-Grosso (conclusão)	Luiz D'Alincourt
	Bibliographia da língua tupi	A. do Valle Cabral
	Etymologias brazilicas. III.	A. do Valle Cabral
	Diogo Barbosa Machado. III. Catalogo de suas eollecções, (continuação)	B. F. Ramiz Galvão
9	Catálogo de exposição da história do Brasil	

VOLUME	TÍTULO	AUTORIA
10	Catalogo Dos Manuscriptos Da Bibliotheca Nacional: Parte Primeira: Manuscriptos Relativos Ao Brazil (Continuação)	
11	Secção De Impressos E Cartas Geographicas: Esboço Histórico	José Alexandre Teixeira de Mello
12	Secção De Impressos E Cartas Geographicas: Catalogo	João de Saldanha da Gama, José Alexandre Teixeira de Mello, Antonio Jansen do Paço e João Ribeiro Fernandes
	Secção De Impressos E Cartas Geographicas: Indices	João de Saldanha da Gama
	Secção De Manuscriptos: Esboço Historico	Alfredo do Valle Cabral
	Secção De Manuscriptos: Catalogo	Alfredo do Valle Cabral
	Secção De Manuscriptos: Indice	Alfredo do Valle Cabral
	Secção De Estampas: Introducção	José Zephyrino de Menezes Brum
	Secção De Estampas: Esboço Historico	José Zephyrino de Menezes Brum
	Secção De Estampas: Catalogo	José Zephyrino de Menezes Brum
	Secção De Estampas: Taboa De Monogramas	José Zephyrino de Menezes Brum
	Secção De Estampas: Indices	José Zephyrino de Menezes Brum
	Numismatica: Esboço Historico	José Fernandes de Oliveira
	Numismatica: Catalogo	Luiz Ferreira Lagos e Antonio Jansen do Paço
	Numismatica: Indice	João de Saldanha da Gama e Antonío Jansen do Paço

VOLUME	TÍTULO	AUTORIA
12	Fr. Camillo De Monserrate: Estudo Biographico Pelo Dr. B. F. Ramiz Galvão Ex-Bibliothecario Da Bubliotheca Nacional Do Rio De Janeiro	B. F. Ramiz Galvão
13	Historia Do Brazil Por Frey Vicente Do Salvador	
13	Diccionario Brazileiro Da Lingua Portugueza Elucidario Etymologic0-Critico Das Palavras E Phrases Que, Originárias Do Brazil, Ou Aqui Populares, Se Não Encontrão Nos Diccionarios Da Lingua Portuguijza, Ou Nêlles Vêm Com Forma Ou Significação Differente: 1875-1888	
13	Annotações de [Antonio de Menezes Vasconcellos de] Drummond á sua biographia	
14	Cartas Andradinas	
15	Catalogo Dos Manuscriptos Da Bibliotheca Nacional: Parte Primeira: Manuscriptos Relativos Ao Brazil (Continuação)	
15	Vocabulario Indigena Comparado Para Mostrar A Adulteração Da Lingua (Complemento Do Poranduba Amazonense)	Barbosa Rodrigues
16	Catalogo Dos Retratos Colligidos Por Dioqo Barbóza Machado — Tomo I — Fascículo N.° 1	
17	Fasc. I.— Catalogo Por Ordem Chronologica Das Bíblias, Corpos De Bíblia, Concordâncias E Commentarlos Existentes Na Bibliotheca Nacional Do Rio De Janeiro.	
17	Fasc. 2. — I. — Catalogo Dos Retratos Colligidos Por Diogo Barboza Machado. Tomo Iii	
17	Ii. — Subsídios Existentes Na Bibliotheca Nacional Para O Estudo Da Questão De Limites Do Brasil Pelo Oyapoch.	Teixeira de Mello

VOLUME	TÍTULO	AUTORIA
18	Catalogo dos manuscriptos da Bibliotheca Nacional (Conclusão do tomo IV)	
	Catalogo dos retratos colligidos por Diogo Barbosa Machado, tomo IV	
	Iconographia (Estudos)	R. Villa-Lobos
	Manuel Dias, o romano	Dr. Alcibiades Furtado
	Relatorio do movimento da Bibliotheca Nacional durante o anno de 1895	José Alexandre Teixeira de Mello
19	Introducção	
	Vida do Padre josé de Anchieta	Padre Pedro Rodrigues
	Cartas ineditas do Padre José de Anchieta, copiadas do Archivo da Companhia de Jesus	
	Historia dos Collegios do Brazil, copiada da Bibliotheca Nacional de Roma	
	Carta do P. Reytor do Collegio da Bahia em que da conta do Padre Géral da morte do P. Antonio Vieyra, & refere as principaes acções de sua vida	
	Cartas do P.e Fonseca a respeitos de A. Vieira	
	Annua ou Annaes da Provincia do Brazil dos dous annos de 1624, e de 1625.	Padre Antonio Vieira
	Resumo historico [da Biblioteca Nacional]	
	Relatorio	
20	Introducação	
	Catalogo dos retratos coligidos por Barbosa Machado. Tomo V	
	Catalogo dos retratos coligidos por Barbosa Machado. Tomo VI	

VOLUME	TÍTULO	AUTORIA
20	Memorias historicas e militares relativas á guerra hollandeza, a ataques dos Francezes ao Rio de Janeiro e outros assumptos de importancia para o Brazil 1630-1757: reimpressão de 12 opusculos raros e de um manuscripto existentes na collecção Barbosa Machado	
	Varias: Carta do p. Pero Rodrigues. 1597	
	Varias: Memoria sobre as minas de ouro do Brazil	Domingos Vandelli
	Varias: Memoria sobre os diamantes do Brazil	Domingos Vandelli
	Relatorio do director. 1897	
	Indice alphabetico dos vinte vols. Dos Annaes publicados	
21	Introducção	
	Catalogo dos retratos colligidos por Barbosa Machado. Tomo VII	
	Commemoração Centenaria do nascimento de Garret	
	Dissertação a respeito da Capitania de S. Paulo, sua decademcia e modo de restabelecel-a escripta por Marcelino Pereira Clek [Cleto] em 25 de outubro de 1782	
	Relatorio do Director	
22	Historia Militar do Brasil desde o anno de mil quinhentos quarenta enove, em q' teve principio a dund.am da Cid.e de S. Salv.or Bahia de todos de todos os Santos atpe o de 1762	
	Index da Historia Militar do Brasil	
	Relatorio do Director - 1899	
23	Joseph Barbosa de Sá. Relação das povoaçoens do Cuyabá e Mato grso de seos principios thé os prezentes tempos	

VOLUME	TÍTULO	AUTORIA
23	Moreira de Azevedo. O primeiro bispo do Brasil – Memoria historica	
	Catalogo dos Manuscriptos da Bibliotheca Nacional – Tomo V	
	Relatorio do Director – 1900	
24	Introducção	
	Desaggravos dos Brasil e Glorias de Pernambuco	
	Relatorio do Director – 1901	
25	Introducção	
	Desaggravos dos Brasil e Glorias de Pernambuco (Conclusão)	
	Processo de João de Bolés e justificação requerida pelo mesmo (1560-1564)	
	Relatorio do Director – 1902	
26	Introducção	
	Catalogo dos retratos colligidos por Diogo Barboza Machado. Tomo VIII	
	Informação de Martim Soares Moreno sobre o Maranhão	
	Relatorio de Alexandre de Moura sobre a expedição á ilha do Maranhão	
	Roteiro de Manoel Gonçalves Regeifeiro	
	Relação do Capitão André Pereira	
	Documentos sobre a expedição de Jeronymo de Albuquerque	
	Diversos documentos sobre o Maranhão e o Pará	
	A Bibliotheca Nacional em 1903. Relatorio	

A BIBLIOTECA E A NAÇÃO: ENTRE CATÁLOGOS, EXPOSIÇÕES, DOCUMENTOS E MEMÓRIA

VOLUME	TÍTULO	AUTORIA
27	Introducção	
	Catalogo da Collecção Salvador de Mendonça	
	Documentos relativos a Mem de Sá, Governador geral do Brasil	
	Discurso Preliminar, Historico, Introductivo, com natureza de descripção Economica da Comarca e Cidade da Bahia	
	Registro da Folha Geradl do Estado do Brazil	
	A Bibliotheca Nacional em 1904. Relatorio	
28	Introducção	
	Estampas gravadas por Guilherme Franmcisco Lourenço Debrie. Catalogo organisado pelo Dr. José Zephyrino de Menezes Brum	José Zephyrino de Menezes Brum
	Informação Geral da Capitania de Pernambuco. 1749	
	A Bibliotheca Nacional em 1905. Relatório	
29	Introducção	
	Catalogo da Collecção Cervantina com que a Bibliotheca Nacional do Rio de Janeiro concorreu á Exposição Commemorativa do 3. Centenario do D. Quixote, - organisado por Antonio Jansen do Paço	Antonio Jansen do Paço
	Jounaux et nouvelles tirées de la bouche de marins hollandais et portigais de la navigation aux Antilles et sur les côtes du Brésil. Manuscrit de Hessel Gerritsz traduit pour la Bibliothèque Nationale de Rio de Janeiro par E. J. Bondam	E. J. Bondam
	Via do Padre José de Anchieta pelo Padre Pedro Rodrigues, conforme a copia existente na Bibliotheca Nacional de Lisboa	
	A Bibliotheca Nacional em 1906. Relatorio	

VOLUME	TÍTULO	AUTORIA
30	Introducção	
	Historia ou Annaes dos Feitos da Companhia Privilegiada das Indias Occidentaes desde o seu começo até o fim do anno de 1636 por Joannes de Laet, Director da mesma Companhia. Traducção dos Drs. José Hygino Duarte Pereira e Pedro Souto Maior. Livros I-IV	
	<<Yñerre>> o <<Stammyater>> dos Indios Maynas. Esboço ethnologico-linguistico de Rodolpho R. Schuller	Rodolpho R. Schuller
	Memorial sobre o Estado Actual da Capitania de Minas Geraes por Jozé Eloi Ottoni [1798]	Jozé Eloi Ottoni
	A Bibliotheca Nacional em 1907. Relatorio	
31	Introducção	
	Inventario dos documentos relativos ao Brasil existentes no Archivo de Marinha e Ultramar organisado por Eduardo de Castro Almeida	Eduardo de Castro Almeida
	A Bibliotheca Nacional em 1908. Relatorio	
32	Inventario dos documentos relativos ao Brasil existentes no Archivo de Marinha e Ultramar organisado por Eduardo de Castro Almeida. II	Eduardo de Castro Almeida
	A Bibliotheca em 1909. Relatorio	
33	Introducção	
	Historia ou Annaes dos Feitos da Companhia Privilegiada das Indias Occidentaes desde o seu começo até o fim do anno de 1636 por Joannes de Laet, Director da mesma Companhia. Traducção dos Drs. José Hygino Duarte Pereira e Pedro Souto Maior. Livros V-VII	
	A Nova Gazeta dda Terra do Brasil (Newen Zeytung auss Presillg Landt) e sua origem mais provavel	Rodolpho R. Schuller

VOLUME	TÍTULO	AUTORIA
33	Poesias de Evaristo Ferreira da Veiga	
	Regulamento da Bibliotheca Nacional: Decreto n. 8835, de 11 de Julho de 1911. – Direitos autoraes: Lei n. 496, de 1 de agosto de 1898, e Instrucções de 11 de Junho de 1901. – remessa de obras impressas: Decreto legislativo n. 1825, de 20 de Dezembro de 1907 e Intrucções de 1 de Julho de 1908	
	A Bibliotheca Nacional em 1910. Relatorio	
34	Inventario dos documentos relativos ao Brasil existentes no Archivo de Marinha e Ultramar organisado por Eduardo de Castro Almeida. III	Eduardo de Castro Almeida
	A Bibliotheca Nacional em 1911. Relatorio	
35	Introducção	
	Conferencias promovidas pela Bibliotheca Nacional e realisadas em 1912	
	[Conferencias promovidas pela Bibliotheca Nacional e realisadas] Idem em 1913	
	Historisch-Geographischer Katalog für Brasilien (1500-1908)	Joseph Scherrer
	A Bibliotheca Nacional em 1912. Relatorio	
36	Inventario dos documentos relativos ao Brasil existentes no Archivo de Marinha e Ultramar organisado por Eduardo de Castro Almeida. IV	
	A Bibliotheca Nacional em 1913. Relatorio	
37	Inventario dos documentos relativos ao Brasil existentes no Archivo de Marinha e Ultramar organisado por Eduardo de Castro Almeida. V	
	A Bibliotheca Nacional em 1914. Relatorio	

VOLUME	TÍTULO	AUTORIA
38	Conferencias promovidas pela Bibliotheca Nacional e realizadas em 1914	
	Historia ou Annaes dos Feitos da Companhia Privilegiada das Indias Occidentaes desde o seu começo até o fim do anno de 1636 por Joannes de Laet, Director da mesma Companhia. Traducção dos Drs. José Hygino Duarte Pereira e Pedro Souto Maior. Livros VIII-X	
	A Bibliotheca Nacional em 1915. Relatorio	
39	Inventario dos documentos relativos ao Brasil existentes no Archivo de Marinha e Ultramar organisado por Eduardo de Castro Almeida. VI	
	A Bibliotheca Nacional em 1916. Relatorio	
40	Idéa da População da Capitania de Pernambuco, e das suas annexas, extenção de suas Costas, Rios e Povoações notaveis, Agricultura, numero dos Engenhos, Contractos, e Rendimentos Reaes, augmento que estes tem tido &.a &.a desde o anno de 1774 em que tomou posse do Governo das mesmas Capitanias o Governador e Capitam Jozé Cezar de Menezes	
	Conferencias promovidas pela Bibliotheca Nacional e realizadas em 1915	
	A Bibliotheca Naiconal em 1917. Relatorio	
41-42	Historia ou Annaes dos Feitos da Companhia Privilegiada das Indias Occidentaes desde o seu começo até o fim do anno de 1636 por Joannes de Laet, Director da mesma Companhia. Traducção dos Drs. José Hygino Duarte Pereira e Pedro Souto Maior. Livros XI-XIII	
	Catalogo a Exposição Biblio-Ico0nographica organisada pela Bibliotheca Nacional do Rio de Janeiro e commemorativa do sexto Centenário de Dante	

VOLUME	TÍTULO	AUTORIA
41-42	A Bibliotheca Nacional em 1918 e 1919. Relatorios	
43-44	Introducção	
	Memorias sobre o Estabelecimento do Immperio do Brazil ou Novo Imperio Luzitano pelo bacharel Antonio Luiz de Brito Aragão e Vasconcellos	Antonio Luiz de Brito Aragão e Vasconcellos
	Idéas geraes sobre a Revolução do Brazil e suas consequencias	Francisco de Serra y Mariscal
	A Inconfidencia da Bahia em 1798. Devassas e Sequestros	
	A Bibliotheca Nacional em 1921 e 1922. relatorio	
45	A Inconfidencia da Bahia em 1798 [continuação]	
	A Bibliotheca Nacional em 1922. Relatorio	
	A Bibliotheca Nacional em 1923. Relatorio	
46	Inventario dos documentos relativos ao Brasil existentes no Archivo de Marinha e Ultramar organisado por Eduardo de Castro Almeida. VII	
47	Nobiliarchia Pernambucana – vol. I	Antonio José Victoriano Borges da Fonseca
48	Nobiliarchia Pernambucana – vol. II	Antonio José Victoriano Borges da Fonseca
49	Historia de la Fundacion del collegio de la capitania de Pernambuco	
	Antonio Rodrigues, soldados, viajante e jesuita portuguez na Amrica do Sul, no seculo XVI	
	Livro de Denunciações do Santo Officio na Bahia	
	Actas da Camara de Villa Rica (1711-1715)	
	Informação sobre alguns periodicos da Bibliotheca	Cassiu Berlink
	Gonzagueana da Bibliotheca Nacional	

VOLUME	TÍTULO	AUTORIA
50	Inventario dos documentos relativos ao Brasil existentes no Archivo de Marinha e Ultramar organisado por Eduardo de Castro Almeida. VIII	
51	Catalogo da Exposição Nassoviana Comemoratriva do 3.o Centenario da chegada de Mauricio Nassau	
	Diario resumido do Dr. José de Saldanha	
	Notas sobre a lingua geral ou tupí moderno do Amazonas	Prof. Ch. Fred Hartt
	Verbetes para a Historia do Brasil	
52	Documentos sobre o Tratado de 1750 Vol. I	
53	Documentos sobre o Tratado de 1750 Vol. II	
54	Inventario dos inestimaveis documentos historicos do arquivo da Casa imperial do Brasil, no Castelo D'Eu, em França. Vol. I	
55	Inventario dos inestimaveis documentos historicos do arquivo da Casa imperial do Brasil, no Castelo D'Eu, em França. Vol. II	
56	Cartas de Luiz Joaquim dos Santos Marrocos, escritas do Rio de Janeiro à sua família em Lisboa, de 1811 a 1821	
57	Notícias antigas do Brasil – 1531-1551	
	Correspondência do Governador D. Diogo de Meneses – 1608-1612	
	Relação do Dr. Antônio da Silva e Sousa sobre a rebelião de Pernambuco – 1645	
	Deposição de Jerónimmo de Mendonça Furtado, Governador de Pernambuco – 1666	
	Representação do Governador Antônio Luiz Gonçalves da Câmara Coutinho – 1692	
	Informações sobre as minhas do Brasil	

VOLUME	TÍTULO	AUTORIA
57	Tombo dos bens pertencentes ao Convento de Nossa Senhora do Carmos, na Capitania do Rio de Janeiro	
	Relatório da Diretoria	
58	Índices das Consultas do conselho da Fazenda	
	Índices das Mercês Gerais	
	Relatório da Diretoria	
59	Processo das despesas feitas por Martim de Sá, no Rio de Janeiro – 1628-1633	
	Almanques da Cidade do Rio de Janeiro para os anos de 1792 e 1794	
	Relatório da Diretoria	
60	Maria Graham no Brasil: - I – Correspondêmcia entre Maria Graham e a Imperatriz Dona Leopoldina e cartas anexas. II – Esboço biográfico de Dom Pedro I, com uma notícia do Brasil e do Rio de Janeiro	
	Diário do Capelão da esquadra de Lord Cochrane, Frei Manoel Moreira da Paixão e DoresAutos de exaame e averiguação sobre o autor de uma carta anônima escrita ao Juiz de Fora do Rio de Janeiro, Dr. Baltazar da Silva Lisboa (1793)	
	Índice dos Anais da Biblioteca Nacional	
	Relatório da Diretoria	
61	Evasão do Núncio Monsenhor Caleppi de Lisboa para o Rio de Janeiro	
	Índices de documentos relativos ao Brasil	
	Devassa ordenada pelo Vice-Rei Conde de Resende – 1794	
	Relatório da Diretoria	

VOLUME	TÍTULO	AUTORIA
62	Narrativas de viagem de um naturalista inglês ao Rio de Janeiro e Minas Gerais (1833-1835)	
	Estudantes brasileiros na Universidade de Coimbra (1772-1872)	
	Capítulos de Gabriel Soares de Sousa contra oso Padres da Companhia de |Jesus, que residem no Brasil	
	Relatório da Diretoria	
63	Guerra dos Farrapos: ordens do dia do general Barão de Caxias: 1842-1845	
	Relatório da Diretoria	
64	Estudos sôbre o Nhêengatû	Dr. Vicente Chermont de Miranda
	Exotismos franceses originários da Língua Tupí	Rodolfo Garcia
	Nomes de paresntescos na Língua Tupí	Rodolfo Garcia
	As cartas do P. David Fáy e a sua biografia: tradução do húngaro e do latim	Paulo Ronai
	Relatório da Diretoria	
65	Documentos do Arquivo da Casa dos Contos (Minas Gerais)	
	Relatório da Diretoria	
66	Livro grosso do Maranhão – 1ª. Parte	
67	Livro grosso do Maranhão – 2ª. Parte	
68	Catálogo de documentos sôbre a Bahia existentes na Biblioteca Nacional	
69	Diário de Henrique Haecxs (1645-1654) - Tradução de Frei Agostinho Keijzers, O. C.	
	Historia de la recuperacion del Brasil, por Eugenio de Narnona y Zuñiga	

VOLUME	TÍTULO	AUTORIA
69	Advertencias que de necessidad forçada importa al servicio de Su Magestad, que se consideren en la Recuperacion de Pernambuco, hechas por Luys Alvares Barriga	
	Propuesta de las advertencias, que de necessidad forçada, se deven justamente descursar, sobre la seguridad y certeza con que se deve recuperar el puerto de Pernambuco, defenderse y conservarse el Estado del Brasil, por Luis Alvares Barriga	
70	Revolução Praieira: catálogo e documentos	
	Joaquim Nabuco: catálogo e documentos	
	Ruy Barbosa: catálogo e documentos	
	Catálogo de manuscritos sôbre o Maranhão	
	Índice dos Anais da Biblioteca Nacional do Rio de Janeiro: do volume 1º. Ao 69	
71	Inventário dos documentos relativos ao Brasil existentes no Arquivo de Marinha e Ultramar – "Rio de Janeiro, 1756-1757"	
	Catálogo de manuscritos sôbre Pernambuco existentes da Biblioteca Nacional	
72	Alexandre Rodrigues Ferreira: catálogo de manuscritos e bibliografia	
	Antônio Gonçalves Dias: catálogo de manuscritos e bibliografia	
	Relação dos documentos sôbre o Brasil existentes no Arquivo Real de Haia	
73	Anais da Imprensa Nacional: 1823-1831	
	Suplemento aos Anais da Imprensa Nacional: 1808-1823	Alfredo do Valle Cabral
	Lista dos Manuscritos de Antônio Vieira existentes na Biblioteca Nacional	Alfredo do Valle Cabral

VOLUME	TÍTULO	AUTORIA
73	Suplemento à lista de manuscritos [Lista dos Manuscritos de Antônio Vieira existentes na Biblioteca Nacional]	
	Questões de História: I – João Ramalho e o Bacharel de Cananéia; II – Os três Ramalhos; III – Morte de João Ramalho; IV – Testamento de João Ramalho; V – Anais de idade e anos de Brasil; VI – Duarte Peres, o Bacharel de Cananéia; VII – Pero Capico	Alfredo do Valle Cabral
	Folclore	Alfredo do Valle Cabral
	Fragmento de um dicionário bio-bibliográfico baiano: I – Agrário de Souza Menezes; II – Amando Gentil; III – Franklin Dória	
	Correspondência [ativa e passiva]	Alfredo do Valle Cabral
	Bibliografia [de Valle Cabral]	Alfredo do Valle Cabral
	Índices [do volume]	
74	Catálogo de manuscritos sôbre o Paraná existentes na Biblioteca Nacional	
	Catálogo de manuscritos sôbre São Paulo existentes da Biblioteca Nacional	
	O livro de Atas das Congregações Judaicas "Zur Israel" em recife e "Magen Abraham" em Maurícia, Brasil, 1648-1653 – Transcriação do manuscrito original, introdução, notas e glossário, pelo Dr. Arnold Wiznitzer	Arnold Wiznitzer
75	Inventário dos documentos relativos ao Brasil, existentes na Biblioteca Nacional de Lisboa	
76	Notícia Da Conquista, E Descobrimento Dos Sertões Dg Tibagi, Na Capitania De São Paulo, No Govêrno Do General Dom Luís Antônio De Sousa Botelho Mourâo, Conforme As Ordens De Sua Majestade	Afonso Botelho de S. Paio e Sousa

A BIBLIOTECA E A NAÇÃO: ENTRE CATÁLOGOS, EXPOSIÇÕES, DOCUMENTOS E MEMÓRIA

VOLUME	TÍTULO	AUTORIA
77	Alfredo De Carvalho, Vida E Obra	José Honório Rodrigues
	Biblioteca Exótico-Brasileira (N A Z)	
	Biblioteca Exótica Pernambucana (A A Z)	
	Bibliografia Geográfica Brasileira (A A Z)	
78	Correspondência Passiva De Coelho Neto	
79	Desenhos Italianos Na Biblioteca Nacional	
	William Shakespeare No Brasil — Bibliografia	Celuta Moreira Gomes
80	Do Descobrimento Dos Diamantes, E Diferentes Methodos, Que Se Tem Praticado Na Sua Extracção	
81	Os Manuscritos Do Botânico Freire Alemão: Catálogo E Transcrição	Darcy Damasceno Waldir Cunha
82	Livro De Tombo Do Colégio De Jesus Do Rio De Janeiro	Transcrição E Introdução De D. Leite De Macedo
	Livro De Tombo Do Colégio De Jesus Do Rio De Janeiro: Índices	Organizados Por D. Leite De Macedo
83	Brasiliana Da Coleção Barbosa Machado	Rosemarie Horch
84	Correspondência Ativa De Antônio Gonçalves Dias	
85	Catálogo De Jornais E Revistais Do Rio De Janeiro (1808-1889) Existentes Na Biblioteca Nacional Edição Fac-Similada	Plinio Doyle
86	Correspondência Passiva Do Senador José Martiniano De Alencar	
87	Bibliografia Do Conto Brasileiro: 1841-1967: Tomo II - M-Z	Celuta Moreira Gomes Thereza Da Silva Aguiar
88	Memórias de Ia expedición de los 33, al mando dei General D. Juan Antonio Lavalleja, para expulsar a los portugueses de la Banda Oriental	
	Catálogo da Coleção Antônio P. Rebouças	

VOLUME	TÍTULO	AUTORIA
88	A Sabinada nas cartas de Barreto Pedroso a Rebouças	
89	História Dos Reinos Vegetal, Animal E Mineral Do Brasil, Pertencente À Medicina	Francisco Antônio de Sampaio
90	Correspondência Passiva De José Carlos Rodrigues	
91	Correspondência Passiva De Antônio Gonçalves Dias	
91	Relatório Da Diretoria Da Biblioteca Nacional — 1972	
92	Catálogo Dos Folhetos Da Coleção Barbosa Machado I-VIII (8 Volumes)	Rosemarie E. Horch
93	Inventário Dos Documentos Relativos Ao Brasil Existentes Na Biblioteca Nacional De Lisboa	
93	Relatório Da Diretora Da Biblioteca Nacional — 1973	
94	Registos De Santos: Coleção Augusto De Lima Júnior	Cecília Duprat de Britto Pereira
94	Relação Sumária Das Cousas Do Maranhão	
94	Manuscritos Relativos À Independência Do Brasil (1720 - 1904): Antecedentes - Fatos - Conseqüências	
94	Relatório Da Diretora Da Biblioteca Nacional - 1974	
95	Tesouro Descoberto No Rio Amazonas, 1ª, 2ª E 3ª Partes	Padre João Daniel
95	Tesouro Descoberto No Rio Amazonas, 4ª, 5ª E 6ª Partes	Padre João Daniel
95	Relatório da Diretora da Biblioteca Nacional — 1975	

VOLUME	TÍTULO	AUTORIA
96	Escola Brasileira De Gravura: Catálogo De Estampas	Organizado Por Eunice De Manso Cabral Colaboração De Cecília Duprat De Britto Pereira
	Plantas fluminenses descritas por Frei Veloso	
	O Visconde De Sepetiba, Ministro Dos Negócios Estrangeiros (1840-1843): Duas Memórias	
	Manuscritos sobre a África e a Ásia	
	Relatório da Diretora da Biblioteca Nacional — 1976	
97	Inventário Dos Documentos Relativos Ao Brasil Existentes Na Biblioteca Nacional De Lisboa	
	Relatório da Diretora da Biblioteca Nacional — 1977	
98	Inventário dos documentos relativos ao Brasil existentes na Biblioteca Nacional de Lisboa	
	Catálogo de Manuscritos sobre Santa Catarina existentes na Biblioteca Nacional	
	Joseph Alfred Martinet, um litógrafo francês no Rio de Janeiro	
	Oswaldo Goeldi; catálogo de matrizes xilográficas	
	Relatório da Diretora da Biblioteca Nacional — 1978	
99	Catálogo de manuscritos sobre o Rio Grande do Sul existentes na Biblioteca Nacional	
	James Forbes e seu "Manuscript upon Brazil"	Lygia da Fonseca Fernandes da Cunha
	Giovanni Battista Piranesi, catálogo das estampas na coleção da Biblioteca Nacional	Cecília Duprat de Britto Pereira

VOLUME	TÍTULO	AUTORIA
100	Índice dos Anais da Biblioteca Nacional, v. 1-99	lida Centeno de Oliveira Ronaldo Menegaz
101	Catálogo de manuscritos sobre o Espírito Santo existentes na Biblioteca Nacional	
	Catálogo do Arquivo de Tavares Bastos	
	subsídios para a historia da biblioteca nacional: 1 - Real Bibliotheca	Lygia da Fonseca Fernandes da Cunha
	Iconografia baiana do século XIX	Lygia da Fonseca Fernandes da Cunha
	Ciclo de estudos amazônicos (conferências)	
	Relatório do Diretor da Biblioteca Nacional [1979-1980]	
102	Catálogo dos manuscritos sobre o Rio de Janeiro existentes na Biblioteca Nacional, I — séc. XVI-XVIII	
	Revert Henrique Klumb, fotógrafo da família imperial brasileira	Cecília Lhiprat de Britto Pereira
	Relatório da Diretora-Geral da Biblioteca Nacional — 1982	
103	Correspondência passiva do General Böhm	Ronaldo Menegaz
	Catálogo de raridades bibliográficas recuperadas pelo Subprojeto de Integração do Acervo Histórico: séculos XV ao XVII	
	Relatório da Diretora-Geral — 1983	

VOLUME	TÍTULO	AUTORIA
104	Catálogo dos Manuscritos sobre o Rio de Janeiro existentes na Biblioteca Nacional, II (1801-1834)	Levantamento da documentação avulsa e das coleções: Waldir da Cunha Organização, sistematização e índices: Alice Àssed Kik Estefan Maria Lisete dos Santos
	Escola Italiana de Gravura: catálogo de estampas I: A-I	Lygia da Fonseca Fernandes da Cunha
	O ENIGMA DUMA ABREVIATURA	Luís Filipe Baraca Monteiro
	DIRETORES DA BIBLIOTECA NACIONAL 1810-1984	Pesquisa e levantamento de Waldir da Cunha
	RELATÓRIO DA DIRETORA-GERAL 1984	
105	Arquivo Lima Barreto	Darcy Damasceno
	Casa Grande & Senzala, o Monumento Revisitado	Edilberto Coutinho
	Escola Italiana de Gravura: catálogo de estampas II: J-Z, índice	Lygia da Fonseca Fernandes da Cunha
	Relatório da Diretora-Geral 1985	
106	Apresentação	
	"Almanak Geral do Império do Brasil —1836	Octavio Tarquínio de Sousa
	Maíra, De Darcy Ribeiro, Por Antonio Houaiss Palestra Realizada Na Biblioteca Nacional Em 25-06-1984, Integrando O Colóquio "Letras Brasileiras No Mundo — Porque Esses Livros Foram Traduzidos?" - De 11 A 26 De Junho De 1984. Transcrição De Gravação Feita Por Olympio H. Monat Da Fonseca, Da Divisão De Informação E Divulgação	

VOLUME	TÍTULO	AUTORIA
106	Considerações Sobre Corpo Vivo, De Adonias Filho, Por Domício Proença Filho Palestra Realizada Na Biblioteca Nacional Em 19-06-1984, Integrando O Colóquio "Letras Brasileiras No Mundo — Por Que Esses Livros Foram Traduzidos?" — De 11 A 26 De Junho De 1984. Transcrição De Gravação Feita Por Olympio H. Monat Da Fonseca, Da Divisão De Informação E Divulgação	
	Catálogo Dos Manuscritos Sobre O Rio De Janeiro Existentes Na Biblioteca Nacional Iii [Sécs. Xix - Xx (1834-1973)]	Waldir Da Cunha Alice Assed Kik Estefan Maria Lizete Dos Santos
	Relatório da Diretoria - 1986	
107	Apresentação	
	Descripção Apresentação da Ilha de Itaparica, Termo da Cidade da Bahia, da qual se faz menção no canto quinto	Preparo do texto e notas explicativas por Ronaldo
	"Noticias pertencentes a communicaçaõ do Matto Grosso com o Estado do Maranhaõ. Anno d'1748" – Excertos do Arquivo de Morgado de Mateus	Transcrição e leitura paleográfica por Waldir da Cunha
	Conferência de Affonso Romano de Sant'Anna — "Carnavalização em A Morte e a Morte de Quincas Berro D'Água	
	Relatório da Diretoria-Geral da Biblioteca Nacional - 1987	
108	Apresentação	
	Documentação: Textos e Estampas Relativos à Escravidão e à Situação do Negro no Brasil	
	[Encontrando Quilombos]	Transcrição por Maria Filgueiras Gonçalves e Introdução de Ana Lúcia Louzada Werneck
	A Fazenda de Gericinó e o Visconde de Santo Amaro	Waldir da Cunha

VOLUME	TÍTULO	AUTORIA
108	Livro de Batismo dos Pretos Pertencentes à Paróquia de Irajá	Introdução e transcrição de Bartolomeu Homem d'El Rei Pinto
	O Andarilho E A Mãe-De-Santo: O Negro Na Obra De Arthur Ramos	Dirceu Lindoso
	Partilha de escravos	
	"Boletim das Acquisições mais Importantes Feitas pela Bibliotheca Nacional", Relativas à Extinção da Escravidão (em 1888)	
	Conferências:	
	"O Risco do Bordado, a Marca do Homem", por Francisca M. do Nascimento Nóbrega	
	"S. Bernardo ou Passeando em S. Bernardo", por Eliana Bueno Ribeiro	
	"O Grande Sertão: Veredas e a Linguagem Literária", por eduardo F. Coutinho	
	Relatório da Diretoria-Geral - 1988	
109	Apresentação	
	Fim do Império... Começo da República - Álbum Iconográfico	
	Catálogo de Documentos Republicanos	Maria Lizete dos Santos, com a colaboração de Waldir da Cunha
	A Fortuna dos Manuscritos Republicanos	Waldir da Cunha
	Muburaida ou o Triumfo da Fé – 1785	
	Inconografia dos Índios Mura	
	Manuscrito (fac-símiles) e transcrição diplomática. Impressão espelhada. Dirceu Lindoso	
	Transcrição portuguesa do Padre Cypriano Pereira Alho (1819)	
	Introdução Crítica à Mubraida, por David H. Treece, da Universidade de Liverpool	
	Henrique João Wilkens e os Índios Mura, por Carlos de Araújo Moreira Neto	

VOLUME	TÍTULO	AUTORIA
109	Relatório da Biblioteca Nacional	
110	Apresentação	
	O Teatro na Amazônia do Ciclo da Borracha	Márcio Souza
	Correspondência Passiva do Conselheiro Leonel Martiniano de Alencar	
	Nomes Famosos nos Arquivos de Leitores e Pesquisadores da Bibliotecal	
	O Cônego e a Catequese Indígena	Dirceu Lindoso
	Projeto de um Dicionário Geográfico do Brasil – I Parte	
	Relatório da Diretoria-Geral	
111	Apresentação	
	"Observaçoens sobre a Administração da Real Fazenda de Santa Cruz" – Apontamentos para uma História Local	Ana Lúcia Louzada Werneck
	Na Aldeia Ia-ti-lhá (Etnografia dos Índios Tapuias do Nordeste)	Dirceu Lindoso
	O Centenário do Enriquecimento do Acervo Forográfico da Biblioteca Nacional – Preservação e Conservação	Joaquim Marçal Ferreira de Andrade
	Introdução à Conservação de Acervos Bibliográficos (Experiência da Biblioteca Nacional)	Jayme Spinelli
	Palestras proferidas na Biblioteca Nacional	
	Projeto de um |dicionário Grográfico do Brasil – II Parte	
	Relatório da Presidência - 1991	
112	Apresentação	
	Mapa Botânico – Ilustração	

VOLUME	TÍTULO	AUTORIA
112	O Achamento do Atlântico Sul: relação anônima dos Capitães-Mores e Barcos do Reino... (1497-1696)	Transcrição pelo prof. Waldir da Cunha
	A Amazônia Colonial	Profa. Marilene Corrêa da Silva
	Os Vassalos D'El Rey nos Confins da Amazônia (1750-1798)	Profa. Maria Regina Celestino de Almeida
	Manuscritos da Inconfidência Mineira: coleções, arquivos e gavetas	Prof. Waldir da Cunha
	Inconfidência Mineira: bibliografia	Eliane Perez e outros
	Dicionário Geográfico Brasileiro (III Parte)	Seleção e Introdução por Gilberto V. de Carvalho
	Relatório da Presidência da Fundação Biblioteca Nacional	
113	Apresentação	
	Língua Vulgar versus Língua Portuguesa - A defesa do Pe. Manuel da Penha do Rosário contra a imposição da lingua portuguesa aos índios por meio de missionários e párocos (1773)	José Ferreira da Silva
	Carta e Termo sobre a Expedição Filósofica de Alexandre Rodrigues Ferreira.	Emmanuel M. Tavares
	As memórias de Thiers Martins Moreira em "O Menino e o Palacete" e "Os Seres"	Ronaldo Menegaz
	Ecos da Abolição e da República Brasileira na Cultura Italiana no final do século XIX	Nello Avella
	Obra poética de Júlio Salusse	Carlos Secchin
	Maranhão Sobrinho (um jogo de dados)	Antônio Martins de Araujo
	Seminário sobre Controle Bibliográfico Universal	

VOLUME	TÍTULO	AUTORIA
113	Projeto de um Dicionário Geográfico do Brasil (IV parte)	Gilberto V. de Carvalho
	Relatório da Presidência da Fundação Biblioteca Nacional	
114	Apresentação	
	Seminário A Economia Política do Livro	
	Imagens da seca de 1877-78 no Ceará: uma contribuição para o conhecimento das origens do fotojornalismo na imprensa brasileira	Joaquim Marçal Ferreira de Andrade Rosângela Logatto
	Subsídios para uma análise histórica de periódicos raros	Angela Di Stasio
	Coleção de Jornais Manuscritos	Waldir da Cunha
	O que é controle bibliográfico universal?	Winston D. Roberts
	O papel da Agência Bibliográfica Nacional	Ross Bourne
	Controle bibliográfico universal em um contexto em mudança	Tom Delsey
	Suplemento ao catálogo Manuscritos do botânico Freire	Darcy Damasceno Waldir Cunha
	Reestruturação administrativa da Biblioteca Euclides da Cunha	Adriana Pereira de Fonseca Villaça
	209-217 Preciosidades do acervo: Os trinta Valérios	Joaquim Marçal Ferreira de Andrade
	Relatório da presidência da Fundação Biblioteca Nacional	
115	Apresentação	
	Coleção das ordens mais necessárias ou curiosas que se achavam dispersas e em confusão na Secretaria do Governo do Rio de Janeiro, reduzidas a sua ordem natural. De 1597 a 1779	Apresentação de Marcus Venício Toledo Ribeiro

VOLUME	TÍTULO	AUTORIA
115	Glossário de codicologia e documentação	Ana Virgínia Pinheiro
	Seminário Internacional sobre Controle Bibliográfico Universal	
	Padrões de catalogação da IFLA	Nancy R. John
	As ISBDs: o que são e como são usadas	John D. Byrum
	Names of persons: as recomendações da IFLA para compatibilidade internacional de nomes e registros bibliográficos	Françoise Bourdon
	Algumas questões para cooperação em análise de assunto	Dorothy McGarry
	O que é UNIMARC e como é usado	Alan Hopkinson
	Problemas de implementação do UNIMARC em CDS/ISIS	Alan Hopkinson
	Preciosidades do acervo: Inquisição de Goa	
	Relatório da presidência da Fundação Biblioteca Nacional	
116	Apresentação	
	Abolição & Abolicionistas	
	José do Patrocínio: O Paternalismo na Campanha Abolicionista	Humberto Fernandes Machado
	O Abolicionismo Pragmático de Joaquim Nabuco	Marco Aurélio Nogueira
	André Rebouças, um Abolicionista	Maria Alice Rezende de Carvalho
	Imagens da África e da Revolução do Haiti no Abolicionismo dos Estados Unidos e do Brasil	Celia Maria Marinho de Azevedo
	Debate	
	Discussão Parlamentar e Práticas Sociais no Processo de Emancipação	Joseli Maria Nunes Mendonça

VOLUME	TÍTULO	AUTORIA
116	José do Patrocínio, a Monarquia e a Abolição	José Murilo de Carvalho
	O Caso do Jornalista Apulco de Castro	Joel Rufino dos Santos
	Os Últimos Cativos no Processo da Abolição	Hebe Maria Mattos de Castro
	Machado de Assis e a Política Emancipacionista	Sidney Chalhoub
	Debate	
	Inventário dos documentos do Instituto Nacional do Livro	Apresentação Ricardo Oiticica
	Inventário dos documentos da Coleção Brunelli	
	Inventário analítico dos documentos do Arquivo Edmar Morel	Apresentação de Marco Morel
	Preciosidades do Acervo - Gaspar Barléus: Uma História do Brasil Holandês	
	Relatório da Presidência da Fundação Biblioteca Nacional	
117	Apresentação	
	Ciclo de palestras: "A Coleção do Imperador. Fotografia Brasileira e Estrangeira no Século XIX	
	A Tecnologia da Fotografia no Século XIX	Joaquim Marçal Ferreira de Andrade
	O Olho-Rei e o Império do Visível	Maurício Lissovsky
	Debate	
	O Espaço Social de Produção Fotográfica no Rio de Janeiro nos Anos 1850	Lygia Segala
	A Fotografia como Objeto de Coleção	Annateresa Fabris
	As Barbas do Imperador entre os Trópicos e a Modernida	Lilian K. Moritz Schwarcz

VOLUME	TÍTULO	AUTORIA
117	Periódicos Mineiros na Biblioteca Nacional	José Teixeira Neves
	Apresentação	Gilberto Vilar de Carvalho
	Nota do Editor	
	Preciosidades do Acervo – Anexo musical da Viagem ao Brasil (1823), por Spix e Martius	Rubens Ricciardi
	Relatório da Presidência da Fundação Biblioteca Nacional	
118	Apresentação	
	O Evangelho Manuscrito em Grego existente no Acervo da Biblioteca Nacional Brasileira: Aspectos Codicológicos	Ana Virgínia Pinheiro
	José Carlos Rodrigues, Pinto de Mattos, Sacramento Blake: Índices e Retificações Bibliográficas	Hariberto de Miranda Jordão Filho Apresentação: Ítalo Viola
	Os Monarcas Portugueses (1755-1825) e sua Influência na Formação da Coleção Musical da Biblioteca Nacional	Elizete Higino
	Inventário das Coleções Inconfidência Mineira e Tiradentes	Alexandra Almada de Oliveira Antonio Marcelo Jackson F. da Silva
	Inventário da Coleção Béatrix Reynal	Ana lLúcia Merege Correia (superv.) Luciana Jácomo da Silva Viviane Negreiros Magalhães; Mariana Montez Carpes Apresentação: Ronaldo Menegaz
	Preciosidades do Acervo: O Mapa das Missões de Mojo e Chiquitos	Maria Dulce de Farias

VOLUME	TÍTULO	AUTORIA
118	Relatório da Presidência	
119	Apresentação	
	Seminário Diários do Campo	
	Arthur Ramos, os antropologos e as antropologias	
	Arthur Ramos, antropologia e psicanálise no Brasil	Luiz Fernando Duarte
	Arthur Ramos e a militância na UNESCO	Marcos Chor Maio
	Cartas marcadas: Arthur Ramos e o campo das relações raciais no final dos anos 1930	Mariza Corrêa
	Minha adorável lavadeira: uma etnografia mínima em torno do Edifício Tupi	Olívia Maria Gomes da Cunha
	unha Brasil: uma nação vista através da vidraça da raça	Verena Stolke
	Mesa-redonda	Luitgarde O. Cavalcanti Barros, Orlando Valverde, Waldir da Cunha
	O Corpus Júris Civilis, De 1478: Da Historicidade Do Incunabulo A Salvaguarda Da Memória Impressa - Os Papeis Da Restauração	Carmem Lucia da Costa Albuquerque
	Inventario analítico do Arquivo Darci Damasceno	Ana Regina de Castro Cíntia Cecília Barreto Clara Maria Ferreira Santos
	Um brilhante barnabé	Carmen Tereza Moreno
	Preciosidades do Acervo: As xilogravuras do artista alemão Albert Dürer	Sandra Daige Antunes Corrêa Hitner
	Relatório da Presidência	
120	Apresentação	
	Inquisição de Goa: inventário analítico	

VOLUME	TÍTULO	AUTORIA
120	Bibliografia de viajantes	Eliane Perez Maria José Fernandes Paulo Homeniuk
	O Catálogo de Exposição de História do Brasil (1881)	Maria Eliza Amadeo Lorelai Kury
	Ensaio sobre a Estatística Civil e Política da Província de Pernambuco, 1839. O Projeto Ilustrado Brasileiro para a Unidade Nacional	Geraldo Moreira Prado Vinicius Pontes Martins
	Preciosidades do Acervo: A Singularidade de uma Bíblia Manuscrita	Ângela Di Stasio
121	Apresentação	
	Impressões sobre o Rio de Janeiro de um visitante acidental: o Ensaio A BICO DE PENA E LÁPIS DA CIRCUNAVEGAção NOS ANOS 1858-1860, DO RUSSO A. Vyseslavcov	Lygia da Fonseca Fernandes da Cunha
	Arquivo Nunes Pereira: inventário analítico	Vera Lúcia Miranda Faillace
	O etnólogo e o folclorista vistos de Santa Tereza	Olívia Maria Gomes da Cunha
	Catálogo da Coleção de De Angelis	Maria Cristina Leal Feitosa Coelho
	Inventário da Coleção de Autógrafos Mendes de Moraes	
	O espírito eclético de uma coleção valiosa	Leonardo Fróes
	Preciosidades do acervo: Última Hora, de Samuel Wainer	José Augusto Martins Gonçalves
122	Apresentação	
	Notas sobre uma coleção invisível: a censura e as obras clássicas no acervo da Biblioteca Nacional - Anexo: Obras clássicas sujeitas à invisibilidade no acervo da Biblioteca	Irineu E. Jones Corrêa

VOLUME	TÍTULO	AUTORIA
122	Expurgar Para Ensinar: A Censura Da Bibliografia Destinada À Educação Do Delfim	Fábio Frohwein de Salles Moniz
	Coleções De Manuscritos Literários No Acervo Da Biblioteca Nacional	Ângela Di Stasio
	O Cinema Brasileiro Em Periódicos: 1896 – 1930 - Anexo A - Periódicos Do Acervo Da Fbn - Anexo B – Filmografia	Eliane Perez
	Preciosidades Do Acervo: As Primeiras Fotografias Da Amazônia: Resultado De Uma Expedição Fotográfica Pelo Solimões Ou Alto Amazonas E Rio Negro, Realizada Por Conta De G. Leuzinger, Rua Do Ouvidor 33 E 36, Pelo Sr. A. Frisch, Descendo O Rio Num Barco Com Dois Remadores, Desde Tabatinga Até Manaus	Joaquim Ferreira de Andrade
123	Apresentação	
	VII ENCONTRO NACIONAL DE ACERVO RARO	
	Metodologia para inventário de acervo antigo	Ana Virgínia Pinheiro
	Análise bibliológica de Livros Raros: a preservação ao "pé da letra"	Alessandra Hermógenes Rodrigues Mariana Fernandes Calheiros Patrícia da Silva Costa
	A Raridade Como Questão Epistemológica E Política: Um Novo Paradigma Para Os Curadores De Acervos Especiais	Ricardo Henrique Resende de Andrade Maria das Graças N. Cantal
	Política De Preservação No Gerenciamento De Coleções Especiais: Um Estudo De Caso No Museu De Astronomia E Ciências Afins	Lúcia Alves da Silva Lino Ozana Hannesch Fabiano Cataldo de Azevedo

VOLUME	TÍTULO	AUTORIA
123	Conservação De Livros Raros: Relato De Uma Experiência Pedagógica	Maria da Conceição Carvalho Cleide Aparecida Ferna
	Formação De Uma Coleção De Obras Preciosas E/Ou Raras Na Biblioteca Do Instituto De Geociências Da Universidade Federal Do Rio Grande Do Sul	Renata Cristina Grun Veleida Ana Blank
	Política de segurança e fator humano na preservação de acervos	Solange Rocha
	Socialização do acesso A coleção de obras raras da Fundação Oswaldo Cruz	Jeorgina Gentil Rodrigues Heloísa Helena Freixas de Alcântara Edna Sônia Monteiro Faro
	Coleção Adir Guimarães: Inventário	Filipe Martins Sarmento Ana Lúcia Merege Correia Solange Rocha
	Um caçador de autógrafos	Benício Medeiros
	Preciosidades Do Acervo: A Planta De Guimarães No Atlas Factício De Dlogo Barbosa Machado	Maria Dulce de Faria
124	Apresentação	
	Por Um Mundo Livre E Menos "Careta": A Imprensa Alternativa Durante O Regime Militar	Bruno Brasil
	Representações de gênero em história em quadrinhos na década de 1970	Raquel França dos Santos
	A Coleção Ernesto Senna	Carlos Henrique Juvêncio da Silva (Apresentação)
	Preciosidades do Acervo: Diplomacia brasileira: um olhar sobre a Coleção Melo Franco	Rachel Saint Willians Rodrigo Gonçalves Beauclair

VOLUME	TÍTULO	AUTORIA
125	Apresentação	
	O Tribunal da Inquisição de Goa nos Manuscritos da Biblioteca Nacional	Patricia Souza de Faria
	O Contratador João Rodrigues De Macedo: Ações E Transações Através Da Prática Epistolar No Século Xviii	Paulo Miguel Fonseca
	O Sistema Nacional de Arquivos e o Sistema Nacional de Bibliotecas Públicas: Um Estudo comparado	Maria Ione Caser da Costa
	Coleção Mário Barreto: Inventário Analítico	Diana Dianovisky
		Elizabeth Santos de Carvalho
		Filipe Martins Sarmento
		Maria das Graças Lins Villela Meirelles
		Renata Rodrigues de Freitas
	Preciosidades do Acervo: A "Carta de abertura dos Portos"	Ana Lúcia Merege Corrêa
126	Apresentração	
	Ingleses no Brasil: relatos de viagem 1526 -1608	Sheila Moura Hue
	O barão do Rio Branco e a política DE APROXIMAÇÃO COM OS ESTADOS Unidos	Elizabeth Santos de Carvalho
	Coleção Nelson Werneck Sodré: Inventário Analítico	Filipe Martins Sarmento
	Preciosidades do Acervo: Os Estatutos da Academia Brasílica dos Acadêmicos Renascidos	Tarso Oliveira Tavares Vicente
127	Apresentação	
	Guia de Preservação & Segurança	Jayme Spinelli Junior

VOLUME	TÍTULO	AUTORIA
127	Mercado em Greve: Protestos e Organização dos Trabalhadores do Pequeno Comércio no Rio de Janeiro - Outubro, 1885	Juliana Barreto Farias
	Irmãos por Ofício e Cidadania. As Irmandades de São Jorge e São José no Rio de Janeiro do Século XVIII	Beatriz Catão Cruz Santos
	Preciosidades do Acervo O Pecado Mora... na Biblioteca Nacional	Ana Virgínia Pinheiro
128	Apresentação	
	O Envolvimento da Biblioteca Nacional no Processo de Demarcação de Limites com a Guiana Francesa: Os Usos Políticos de um Acervo Documental	Iuri A. Lapa e Silva
	Coleção Ernesto Senna. A construção de uma memória	Carlos Henrique Juvêncio da Silva
	O governo JK e a Revista Manchete: a construção de um mito	Rose Mary Guerra Amorim
	VIII Encontro Nacional de Acervo Raro	
	A Marginalia na Coleção Bibliográfica do Acadêmico Baiano Renato Berbert de Castro: Importância, Preservação e Conservação	Maria das Graças Nunes Cantalino
	Catálogo Nacional Unificado: Catálogo Colectivo de Libros Antiguos Existentes en Argentina	Analía Fernández Rojo
	Coleção dos Oratorianos da Biblioteca da Faculdade de Direito de Recife: Inventário e Consevação	Maria Bernardette Lopes de Almeida Amazonas
	Inventário da Coleção de Periódicos Raros da Biblioteca de Ciências Biomédicas, ICICT / Fundação Oswaldo Cruz	Eliane Monteiro de Santana Dias
	Promoção da Socialização do Conhecimento Histórico e Científico em Saúde Preservado pelo ICICT	Jeorgina Gentil Rodrigues Edna Sônia Monteiro Faro

VOLUME	TÍTULO	AUTORIA
128	O Inventário da Biblioteca Lélio Gama: Recuperação da Memória e Relevância para Estudos afins	Fabiano Cataldo de Azevedo Lúcia Alves da Silva Lino
	Preciosidades do Acervo: O Salão de Baile na Ilha Fiscal, por Marc Ferrez	Frederico de Oliveira Ragazzi Monique Matias Ramos de Oliveira Priscila Helena Pereira Duarte
129	Apresentação	
	Proler: um estudo sobre a sua implantação	João Batista Coelho
	As Políticas Para A Biblioteca, O Livro E A Leitura Nos Governos Fernando Henrique Cardoso E Luiz Inácio Lula Da Silva: Breve Estudo Comparativo	Carla Rossana Chianello Ramos
	O Livro De Horas Dito De D. Fernando - Maravilha Para Ver E Rezar	Vânia Leite Fróes
	O livro no ocidente medieval	Ana Lúcia Merege
	O surgimento da encadernação e da douração	Cida Mársico
	A história da escrita: uma introdução	Ana Lúcia Merege
	Preciosidades do Acervo: Hortus Nitidissimis	Monica Carneiro Lucia Muniz
130	Apresentação	
	A Biblioteca Nacional nos tempos de Ramiz Galvão (1870-1882)	Ana Paula Sampaio Caldeira
	Desenvolvimento de coleções no curso de Biblioteconomia da Biblioteca Nacional (1915-1949)	Simone da Rocha Weitzel
	A produção editorial da Biblioteconomia lusófona no Acervo da Biblioteca Nacional: do século XX aos dias atuais	Vinícios Souza de Menezes

VOLUME	TÍTULO	AUTORIA
130	A biblioteca do antigo Colégio dos Jesuítas no Rio de Janeiro: inventário de obras que restaram	Bruno Martins Boto Leite
	Conhecer e conviver: as bibliotecas públicas na Baixada Fluminense e a construção da Democracia	Écio Pereira de Salles
	IX Encontro Nacional de Acervo Raro	
	Gerenciando a fragmentação: os muitos acervos raros da UFRJ	Paula Maria Abrantes Cotta de Mello
	Reprodução do Acervo musical da Biblioteca Nacional: a dificuldade de os usuários entrarem no tom a mudança de procedimentos	Elizete Higino
	Diretrizes implementadas para o estabelecimento de uma política de prewservação e acesso aos acervos raros das bibliotecas da Universidade de São Paulo	Dione Serripierri
	Entre fatos, fotos e variedades, o compromisso: o caso do CEDIC-BA	Maria das Graças Nunes Cantalino
	A coleção de manuscritos do Real Gabinete Português de Leitura	Fabianao Cataldo de Azevedo Sheila Moura Hue
	Hemeroteca histórica da Biblioteca Pública Estadual Luiz de Bessa: guarda da memória, preservação da história	Marina Nogueira Ferraz
	O papel da reprodução na preservação e acesso	Vera Lúcia Garcia
	Preciosidades do acervo: A correspondência de José Bonifácio nas "Cartas Andradinas"	Ana Lúcia Merege
131	Apresentação	
	I Encontro Nacional de Catalogadores – III Encontro de Pesquisa em Catalogação	
	I - A representação descritiva em tempos digitais	

VOLUME	TÍTULO	AUTORIA
131	A representação descritiva e o acesso ao etnoconhecimento	Aline da Silva Franca Naira Christofoletti Silveira
	Metadados para a representação da imagem digital	Ana Carolina Simionato Plácida L. V. A. C. Santos
	Uso do dublin Core na descrição de obras raras na web: a coleção da Biblioteca Brasiliana digital	Daniela Pires
	Documentos musicais: atributos e desafios para a representação descritiva	Kátia Lúcia Pacheco
	II – Visões sobre os requisitos funcionais para registros bibliográficos – FRBR	
	O modelo FRBR como base para análise de catálogo em biblioteca universitária	Bruno Auguusto Carvalho da Cunha Iasmine do Espírito Santo
	Considerações sobre os FRBR e representação descritiva da informação	Débora Adriano Sampaio
	A análise do Grupo 1 dos FRBR na obra Gabriela, cravo e canela	Gabriela Allmendra Jéssica Nogueira Gomes Vinícius de Souza Tolentino
	O conceito e a instanciação de obra em catalogação	Marcelo Nair dos Santos
	III – Padronização para Cooperação Interbibliotecas	
	Catalogalção centralizada: o caso do Sistema de Bibliotecas da UFMG no tratamento de registros de autoridade	Maria Madalena Pereira de A. Rocha Vilma Carvalho de Souza Jacqueline Pawlowski Oliveira

VOLUME	TÍTULO	AUTORIA
131	O sistema municipal de bibliotecas da cidade de São Paulo e o tratamento da informação: a busca por uma uniformização e padronização	Denise Mancera Salgado Raquel da Silva Oliveira
	Catalogação de livros raros: proposta de metodologia de formalização de notas especiais para difusão, recuperação e salvaguarda	Ana Virgínia Teixeira da Paz Pinheiro
	Os conceitos básicos da tecnologia da informação e comunicação (TICs) para o entendimento dos FRBR: a experiência da UFRJ	Ana Maria Ferreira de Carvalho Maria José Veloso da Costa Santos Nadir Ferreira Alves
	IV – Catalogação: princípios iguais para documentos diferentes	
	Controle da terminologia e a qualidade: percepção dos bibliotecários	Alda Lima da Silva
	Monografias versus recursos contínuos: firmando procedimentos	Alex da Silveira Angela Salles Virgínia Bravo Esteves
	Catalogação de histórias em quadrinhos: uma metodologia de trabalho	Hugo Leonardo Abud
	Música como informação: critérios para catalogação de partituras	Ana Carolina Macêdo de Sena Williana Carla Silva Alves
	V – Visibilidade e aplicabilidade da catalogação	
	Desafios doos ensino de catalogação no Brasil	Eliane Serrão Alves Mey Fernanda Passini Moreno
	Revisitando e revitalizando conteúdos sobre catalogação: um texto compartilhado com alunos de graduação	Elizete Vieira Vitorino Djuli Machado de Lucca Marcela Reinhardt de Souza

VOLUME	TÍTULO	AUTORIA
	Publicação de artigos científicos em periódicos brasileiros na área de representação descritiva	Regina Verly dos Santos Gerlaine Pereira da Rocha Naira Christofoletti Silveira
	Aspectos de ganulidade na representaçaõ da informação no universo bibliográfico	Rachel Criistina Vesu Alves Ana Carolina Simiunato Plácida L. V. A. C. Santos
	VI – Catalogação: práticas em debate	
	Os desafios da catalogação na Biblioteca Mário de Andrade	Alessandra Atti
	O processamentos técnico de periódicos na Fundação Biblioteca Nacional	Janete Hideko Hagiwara Maria do Sameiro Fangueiro da Silva Maria Ione Caser da Costa
131	A catalogação cooperativa no Sistema de Bibliotecas da UFRGS: relato da experiência do Grupo de Estudos em Catalogação	Claudete Soares de Oliveira Evelin Stahlhoefer Costa Giovana Soares Carneiro Lílian Maciel Rosalia Pomar Camargo Sedi Ziebert Schardong Suzinara da Rosa Feijó
	Catalogação das bibliotecas do Instituto Federal do Espírito Santo – IFES: um olhar de cooperação profissional	Bruno Giordano Rosa Maria de Lourdes Cardoso Paulo Roberto Borghi Moreira
	Preecisoidades do Acervo: Plano de Catalogo Systematico da Bibliotheca Nacional do Rio de Janeiro: Primeiro Insttrumentos para a Organização da Coleção	Angela Monteiro Bettencourt
132	Apresentação	

VOLUME	TÍTULO	AUTORIA
132	A Typographia Silva Serva na Biblioteca Nacional: catálogo de livros raros	Ana Virgínia Pinheiro
	A Gália de César na Representação Cartográfica do Renascentista Abraham Ortelius	Maria Dulce de Faria
	Gestão em documentos e sua interface com a gestão em preservação	Tatiana Ribeiro Christo
	X ENCONTRO NACIONAL DE ACERVO RARO - Enar	
	O Memorial Jesuíta Unisinos: critérios de raridade adotados em sua coleção de obras raras e especiais	Isabel Cristina Arendt Susana Schneider Höltz
	Símbolos e representações: a biblioteca "do" Nacional	Carlos Henrique Juvêncio
	Projeto Memória Fazendária	Clésio Guimarães Faria Margareth Silva R. Alves
	Coleção de obras raras e especiais da Biblioteca Ministro Carvalho Junior: relato de experiência	Cristiane Ferreira de Souza
	Histórico e evolução dos critérios de raridade da Biblioteca Universitária da Universidade Federal de Minas Gerais	Diná Marques Pereira Araújo
	Resíduos & Memória: o acervo raro recolhido pelo Programa de Coleta Seletiva do Bairro de São Francisco em Niterói	Emílio Maciel Eigenheer Maria José da Silva Fernandes
	Uma breve análise sobre os critérios de raridade bibliográfica	Jeorgina Gentil Rodrigues
	Critérios de raridade aplicados à coleção especial da Faculdade de Direito do Recife: Sala Rui Barbosa	Karine Vilela Lígia Santos da Silva Rodrigues Maria José de Carvalho Maria Marinês Gomes Vidal

VOLUME	TÍTULO	AUTORIA
132	Critérios de raridade das Coleções Especiais da Biblioteca Pública Estadual Luiz de Bessa	Marina Nogueira Ferraz Eliani Gladyr da Silva
	O inventário como recurso para definição de critérios de raridade do Acervo Antigo na Biblioteca de Obras Raras da Escola de Minas da Universidade Federal de Ouro Preto	Renata Ferreira dos Santos
	Memória e patrimônio: critérios de seleção e conservação em coleções especiais e obras raras e/ou valiosas	Valéria de Sá Silva Andréa Carla Mazzo da Costa Ângela de Albuquerque Insfrán
	Uso de critérios de raridade e valoração de acervo no gerenciamento de riscos em acervos bibliográficos raros e especiais	Willi de Barros Gonçalves Diná Marques Pereira Araújo Carolina Concesso Ferreira
	PRECIOSIDADES DO ACERVO: Duas crônicas desconhecidas e inéditas de Lima Barreto	João Marques Lopes
133-134	Apresentação	
	Seminário O Manuscrito Grego Da Biblioteca Nacional: Crítica Textual E Práticas De Edição De Textos	Organização: Alessandro Rolim de Moura Maria Olívia de Quadros Saraiva
	Livro de Isaac (cód. 50-2-15 da Biblioteca Nacional): caminhos percorridos	César Nardelli Cambraia
	Desafios na edição de textos musicais: as Cinq chansons archaïques de Helza Camêu	César Nardelli Cambraia Luciana Monteiro de Castro
	Os manuscritos militares da Biblioteca Nacional do Rio de Janeiro: algumas notas sobre critérios de edição	Sandro Marcío Drumond Alves Marengo
	Documento monástico no acervo da Biblioteca Nacional: o dietário do mosteiro de São Bento da Bahia	Alícia Duhá Lose

VOLUME	TÍTULO	AUTORIA
133-134	A Crítica Textual pula o muro da escola	Lilian Barros de Abreu Silva Gabriela de Souza Morandini Manoel Mourivaldo Santiago-Almeida
	Crítica textual e edição crítica de textos	Ceila Maria Ferreira
	Censura bibliográfica em edições modernas de clássicos latinos	Fábio Frohwein
	Análise do papiro de Fayyum 20 e a crise do Império Romano no século III d.C.	Marcos José de Araújo Caldas
	Clássicos do acervo de Obras Raras da Biblioteca Nacional: catálogo	Ana Virgínia Pinheiro
	Códice 2437: recenseamento e descrição	Maria Olívia de Quadros Saraiva
	1ª JORNADA DE PESQUISADORES DA FUNDAÇÃO BIBLIOTECA NACIONAL	
	Parte 1 - Política, cultura e imprensa nos séculos XIX e XX	
	Luiz Gama, um vulcão negro em meio branco: pensamento e vida intelectual (1850-1882)	Eduardo Antonio Estevam Santos
	"Os samangolés": a presença dos africanos livres no Ceará (1835-1864)	Jofre Téofilo Vieira
	Identidades reinventadas: o começo e o desenvolvimento da literatura e da imprensa árabe no Brasil	Guilherme Oliveira Curi
	Um porta-voz disputado: a escrita jornalística de Barbosa Lima Sobrinho e sua correspondência pessoal durante o regime militar	Ana Cláudia Theme da Silveira Soares
	O direito de greve nas fontes da Biblioteca Nacional: um ensaio preliminar sobre a primeira metade do século XX	Gustavo S. Siqueira

VOLUME	TÍTULO	AUTORIA
133-134	Intelectuais e imprensa: circulação da cultura e autonomia intelectual no Estado Novo	Wanessa Regina Paiva da Silva
	Populismo impresso: trabalhadores, política e opinião nas páginas do Diário do Povo de José de Matos (1949-1960)	Luciana Pucu Wollmann do Amaral
	O Correio da Manhã e a Revolução dos Cravos	Claudio de Farias Augusto
	A cobertura da Revolução dos Cravos pela imprensa escrita brasileira	Jéssica Máximo Garcia
	Um olhar sobre a primeira parte da coleção Brazil's Popular Groups (1966-1986): relações e reflexões	Rafaella Bettamio
	Parte 2 - As artes no acervo da Biblioteca Nacional	Andréa de Souza Pinheiro Rosângela Rocha Von Helde Rose Mary Guerra Amorim
	A coleção oculta: ex-libris no acervo da Divisão de Obras Raras	
	Modernidade e Modernismo: crítica de arte no Brasil Imperial (1860-1889)	Alberto Martín Chillón
	De musas e sereias: a presença dos seres que cantam a poesia	Leonardo Davino de Oliveira
	Parte 3 - Produção, circulação e recepção da cultura manuscrita e impressa	
	O acervo de incunábulos da Fundação Biblioteca Nacional: uma faceta da história dos livros impressos antes de 1500	Kátia Brasilino Michelan
	O Movimento Academicista no século XVIII: as Academias Brasílicas dos Esquecidos e dos Renascidos	Maria da Luz Pinheiro de Cristo
	Impressões de um caixeiro viajante, ou A narrativa de Antônio Joaquim Álvares	Maria da Luz Pinheiro de Cristo Marcelo Monteiro

VOLUME	TÍTULO	AUTORIA
133-134	Ramiz Galvão e a primeira exposição organizada pela Biblioteca Nacional, 1880	Fabiano Cataldo de Azevedo
	Apagamentos, silenciamentos, insucessos: enciclopédias brasileiras	Phellipe Marcel da Silva Esteves
	Jornadas entre a imagem e o texto (a prosa simbolista e suas funções ornamentais)	Alcebiades Diniz Miguel
	Decadentismo: estética da crise finissecular	Irineu E. Jones Corrêa
	Por uma reescrita da história literária brasileira	Anna Faedrich
	A Biblioteca Nacional na crônica da cidade: o leitor e suas múltiplas dimensões	Iuri A. Lapa e Silva Lia R. Jordão
	A recepção de Lima Barreto em Portugal: notas sobre uma pesquisa em curso	João Marques Lopes
	O acervo da Livraria José Olympio Editora e as formas de apresentação do livro	Mônica Gama
	ARTIGO: Modelo Espinosa: uma alternativa de encadernação em pergaminho de obras raras da Fundação Biblioteca Nacional	Tatiana Ribeiro Christo
	PRECIOSIDADES DO ACERVO: Uma Bíblia leva à outra: do breve histórico da "Vulgata de Luxe" (Bíblia Latina 50,1,026) à primeira Bíblia grega impressa (a Bíblia de Erasmo, 1516)	Maria Olívia de Quadros Saraiva
135-136	Apresentação	
	Ex-libris da Biblioteca Nacional: a marca de uma identidade	Andréa de Souza Pinheiro Rosângela Rocha Von Helde
	2ª JORNADA DE PESQUISADORES DA FUNDAÇÃO BIBLIOTECA NACIONAL	
	História, Temporalidades e Fronteiras	
	Uma história do dogma trinitário durante a Antiguidade Tardia (séc. IV-V d.C.): análise das obras do cristianismo niceno da Biblioteca Nacional	Helena Amália Papa

VOLUME	TÍTULO	AUTORIA
135-136	Ressignificações de um debate trinitário (séculos IV e V d. C.): um estudo sobre a disputa pelo significado da "Humanidade de Cristo" na Modernidade	Michael Floro
	Do códice ao impresso: considerações sobre a trajetória da Legenda Áurea (séculos XIII-XVI)	Tereza Renata Silva Rocha
	Geoffrey Chaucer e a Legenda Áurea: questões de forma e conteúdo entre The Second Nun's Tale e a narrativa hagiográfica de Santa Cecília	Alexandre Bruno Tinelli
	Cultura e Sociedade no Brasil	
	Moralizar para modernizar: a regulamentação da pornografia como pauta republicana	Erika Cardoso
	Aspectos da modernização carioca a partir do Almanak Laemmert (1902-1906)	Vinícius Volcof Antunes
	Pobreza e marginalidade na América portuguesa: reformismo ilustrado, economia política e polícia	Renato Franco
	Da miséria utilitária: o uso da pobreza na construção do Hospital de São Lázaro na Bahia de 1788	Higor Camara da Silva
	Relações Literárias e Comunidade Letrada	
	Partilhas interamericanas. A presença de fontes primárias acerca das relações literárias entre a Argentina e o Brasil no acervo da Fundação Biblioteca Nacional	Davidson Diniz
	Folhas literárias e comunidade letrada no Rio de Janeiro: Beija-Flor – Annaes Brasileiros de Sciencia, Politica, Litteratura (1830-1831)	Renato César Ribeiro Casimiro Lopes
	O Romantismo em Olaya e Júlio	Mariana Siqueira Torres da Silva
	Produção, Circulação e Recepção da Cultura Impressa	

VOLUME	TÍTULO	AUTORIA
135-136	A penetração do arcabouço ideológico europeu no Brasil do século XIX: pensamento liberal burguês, teorias racistas e evolucionistas e o projeto republicano baseado na eugenia	Pedro Emiliano Kilson Ferreira
	O enterro da discórdia: consumo cinematográfico e a formação de uma cultura de classe média na Belle Époque carioca	Pedro Vinicius Asterito Lapera
	Produção, Circulação e Recepção da Cultura Religiosa	
	O Direito em diálogo com a história das religiões: os antecedentes e as resistências ante a criminalização do espiritismo no Brasil oitocentista	Adriana Gomes
	Origem do pastoril: uma crônica de Mário de Andrade sobre as "dialogações melodramáticas do Natal"	Mônica Maria de Souza Silveira (Wayra Silveira)
	Nas entrelinhas, o respeito: perseguição, rebeldia e crença nos periódicos do século XIX	Eduardo Possidonio
	A cultura dramática no Brasil do século XIX: entre fontes e abordagens historiográficas	Paulo Marcos Cardoso Maciel
	Visões da escravidão no teatro brasileiro do século XIX	Thaísa Menezes de Assis
	Os escritos de José Duarte Ramalho Ortigão e de Mariano Pina e a arte francesa do século XIX	Maria do Carmo Couto da Silva
	Arte e nacionalidade nos escritos de Manuel de Araújo Porto-Alegre	Marcos Florence Martins Santos
	História Cultural e intelectual	
	Entre emulação e modernidade: as Conclusões de Retórica e Poética (1775-1790)	Thiago Gonçalves Souza
	Prática na edição de manuscritos, dificuldades e soluções: o Álbum paleográfico para iniciantes em paleografia	Rebeca Motta Ferreira

VOLUME	TÍTULO	AUTORIA
135-136	Um republicano entre monarquistas: José Veríssimo nos primeiros dias do Jornal do Brasil	Rachel Bertol
	Musicologia no Acervo da Biblioteca Nacional	
	O violão no Rio oitocentista: um instrumento na Corte Imperial	Marcia E. Taborda
	Silva Leite e a circulação de peças para guitarra inglesa no Brasil Oitocentista	Humberto Amorim
	Acervo musical da Coleção D. Thereza Christina Maria: um ponto de situação sobre os processos de busca e uma nova perspectiva do seu conteúdo	Cristiana Aubin
	COLEÇÃO MARCO LUCCHESI: Marco Lucchesi: um convite à Estética do Labirinto	Ana Maria Haddad Baptista
	PRECIOSIDADES DO ACERVO Comentários sobre uma descrição do Egito	Diego Vieira da Silva
137	Apresentação	
	O Catálogo de Panizzi e os sistemas de catalogação do século XIX: uma análise dos modelos aplicados na Biblioteca Nacional e em bibliotecas cariocas	Gabriela Bazan Pedrão
	O livro do olhar e do silêncio	Ana Virgínia Pinheiro
	XI Encontro Nacional de Acervos Raros	
	Acervo documental do Círculo de Estudos Bandeirantes	Daniele Saucedo Kátia Biesek
	A gestão de acervos na Seção de Obras Raras A. Overmeer da Fiocruz	Maria Claudia Santiago Ivete Maria da Silva Edna Sônia Monteiro Faro Tarcila Peruzzo
	As coleções especiais da Biblioteca de História das Ciências e da Saúde: retrato da Coleção Lourival Ribeiro	Aline Gonçalves da Silva Eliane Monteiro de Santana Dias Manoel Silva Barata

VOLUME	TÍTULO	AUTORIA
137	Gestão de acervos raros e especiais na Biblioteca Central Cesar Lattes – Unicamp	Tereza Cristina Oliveira Nonatto de Carvalho
	O acervo histórico da Academia Real de Guardas-Marinhas da Biblioteca da Marinha	Eliane de Freitas Ferreira Leniza de Faria Lima Glad Eliana do Espírito Santo
	Medidas de preservação para o acervo especial da Biblioteca do Porto do Rio Grande (RS)	Gladis Rejane Moran Ferreira Carla Rodrigues Gaustaud
	Impressos de tipografia portuguesa do século XVII na Biblioteca Nacional de Portugal	Leonor Antunes
	Coleção Livro de Artista da Universidade Federal de Minas Gerais	Diná Marques Pereira Araújo Magna Lúcia dos Santos
	Coleção digital de jornais do Museu Republicano Convenção de Itu (MRCI-MP/USP): transposição de suporte para preservação e acessibilidade	Márcia Medeiros de Carvalho Mendo Alline de Sousa Rosemary Mendonça Martins Fernandes Maria Cristina Monteiro Tasca José Renato Margarido Galvão
	A gestão de um acervo bibliográfico especial frente à preservação digital: a experiência da Biodiversity Heritage Library (BHL) no Museu Paraense Emílio Goeldi (MPEG)	Andréa Abraham de Assis Jetur Lima de Castro Rodrigo Oliveira de Paiva
	Acervos raros e especiais do Colégio Pedro II: diagnóstico, tratamento e preservação de suas coleções	Priscila de Assunção Barreto Côrbo Tatyana Marques de Macedo Cardoso
	Tempo, tempo, tempo, tempo, entro num acordo contigo...: estudo sobre a preservação de obras raras no Rio Grande do Sul	Maria Célia Azevedo Lopes

VOLUME	TÍTULO	AUTORIA
137	Preciosidades do acervo: O peregrino celeste, de Valentin Stansel: um diálogo astronômico baiano nas obras raras da Biblioteca Nacional	Carlos Ziller Camenietzki
138	Apresentação	
	Cá e lá mais fadas há. Análises de práticas fiscais ilícitas a partir da Coleção Documentos Históricos (América portuguesa, séculos XVII e XVIII)	Letícia dos Santos Ferreira
	XII Encontro Nacional de Acervos Raros	
	A dispersão como princípio: breve relato sobre o destino de acervos bibliográficos de memória no Brasil	Ana Virginia Pinheiro Joelma Neris Ismael Manoel Silva Barata Neide Verçosa e Silva
	Passado, presente e futuro de uma coleção especial das profissões formadoras da Unirio	Márcia Valéria da Silva de Brito Costa
	O acervo básico-histórico do Setor de Obras Raras da Biblioteca Central da Universidade de Brasília	Ana Regina Luz Lacerda
	Política de formação e desenvolvimento das coleções do Centro de Documentação e Memória do Colégio Pedro II: subsídios para a sua elaboração	Tatyana Marques de Macedo Cardoso Priscila de Assunção Barreto Côrbo
	Biblioteca Brasiliana Guita e José Mindlin na USP: reflexões para o estabelecimento de uma política de desenvolvimento de coleções	Eliane Kano Jeanne B. Lopez Rodrigo M. Garcia
	Coleções formadoras da Seção de Obras Raras da Biblioteca Mário de Andrade	Rizio Bruno Sant'Ana
	A história e o acervo de Obras Raras da Biblioteca do Museu Nacional de Belas Artes	Mary Komatsu Shinkado

VOLUME	TÍTULO	AUTORIA
138	Processos de formação do acervo da Biblioteca da Academia Imperial de Belas Artes: as contribuições de Felix Taunay e Porto-alegre na configuração das bases para o ensino artístico no Brasil	Rosani Parada Godoy
	Preservação da memória bibliográfica do parlamento brasileiro: o caso da Biblioteca do Senado	Cláudia Coimbra Diniz Maria de Fátima Jaegger Mônica Rizzo
	Desenvolvimento de coleções Biblioteca da Fazenda do Pinhal, o raro e a preservação da história	Sandra Regina de Araujo Sorigotti
	Desenvolvimento dos acervos de Obras Raras da Biblioteca Pública Estadual Luiz de Bessa	Bernardo Pacheco Schuchter Eliani Gladyr da Silva Karlla Christiany Mourão Madureira e Silva
	Preciosidades do acervo: Ao encontro da cor: os primeiros impressos coloridos brasileiros de caráter lúdico (1880-1945)	Helena de Barros
139	Apresentação	
	Um Rio de Janeiro civilizado para o viajante ver: o guia de Valle Cabral	Isabella Perrota
	A literatura de viagem em perspectiva histórica: contribuições para uma mirada sobre os guias de viagem	Amanda Danelli Costa
	II JORNADA IFLA	
	International Federation of Library Associations and Institutions	
	Os *officios reversaes* do Plenipotenciario da demarcacao das fronteiras amazonicas usurpados pelo trafico ilicito do patrimonio bibliografico da America Latina e Caribe	Robson Lima da Silva Karine Canani de Oliveira João Paulo Lopes da Cunha

VOLUME	TÍTULO	AUTORIA
139	Roubo e furto de bens culturais raros: analise de dados estatisticos na regiao Sudeste do Brasil entre os anos de 2006 e 2017	Daniela Eugenia Moura de Albuquerque Angélica Mello de S. Borges Roberta Fernanda da Silva
	Patrimonio sem fronteiras: furtos de bens historicos e lavagem de dinheiro	Beatriz Kushnir
	Educacao para a prevencao: a abordagem do trafico ilicito de bens culturais no Curso de Seguranca de Acervos Culturais do Mast	Everaldo Pereira Frade Lucia Alves da Silva Lino Marcio Ferreira Rangel Maria Celina Soares de Mello e Silva Ozana Hannesch
	A protecao do patrimonio bibliografico no Chile	Maria Antonieta Palma
	O patrimonio bibliografico como parte dos direitos da humanidade e sua protecao	Maria Claudia Santiago Abel Horacio Ferrino
	XIII Encontro Nacional de Acervos Raros	
	Uma colecao de viagens e viajantes em perigo? O furto de obras raras na Biblioteca do Museu Nacional/UFRJ	Leandra Pereira de Oliveira Edson Vargas da Silva
	E, agora, quem conta a historia?	Paula Mello José Tavares
	Propostas e consideracoes sobre politica de seguranca para colecoes especiais: o caso da colecao da Academia Brasileira de Ciencias	Magna Loures de Farias Eloisa Helena Pinto de Almeida Lucia Alves da Silva Lino
	Economia do crime e o patrimonio cultural e bibliografico brasileiro: possiveis mudancas na Lei 5.471/68 e no codigo penal	Raphael Diego Greenhalgh Maria Claudia Santiago Amarílis Montagnolli Gomes Corrêa

VOLUME	TÍTULO	AUTORIA
139	Salvaguarda do acervo de Historia da Saude: elementos norteadores	Aline Gonçalves da Silva Eliane Monteiro de Santana Dias Adrianne Oliveira Andrade da Silva
	Acervos raros pertencentes as universidades gauchas e suas politicas de seguranca e salvaguarda	Heytor Diniz Teixeira Alissa Esperon Vian Marcia Carvalho Rodrigues
	Gestao de acervos raros e especiais nas bibliotecas da Justica Federal: subsidios para o estabelecimento de politicas de seguranca e salvaguarda das colecoes de livros raros juridicos	Maria Cristina de Paiva Ribeiro
	"Cheiro dos livros desesperados": preservacao e salvaguarda do acervo Barbosa Lima Sobrinho	Luciana de Avellar Mattos
	Preciosidades do acervo: Conservacao preventiva em processos de exposicoes: o caso do acervo Piranesi na Biblioteca Nacional	Gilvânia Lima
140	Apresentação	
	O Latim nas Obras Raras: contexto e fundamentos teórico-metodológicos de um curso de latim instrumental para bibliotecários	Fabio Frohwein de Salles Moniz
	Glossário de topônimos latinos do Brasil em *Historia navigationis in Brasiliam*: breves comentários	Lucia Pestana da Silva Fabio Frohwein de Salles Moniz
	As *Heroinae*, de Júlio César Escalígero: seleção e tradução	Thamara Martins Santos de Morais Fabio Frohwein de Salles Moniz
	Tradução de *Speculum stultorum*, de Nigel de Longchamps	Josue Gabriel de Freitas Kahanza Zito Fabio Frohwein de Salles Moniz

VOLUME	TÍTULO	AUTORIA
140	Os *Rudimenta grammatices*, de Nicolò Perotti	Marcelle Mayne Ribeiro da Silva Fabio Frohwein de Salles Moniz
	Edição comentada da correspondência entre Paolo Manuzio e Marc Antoine Muret	Esther da Silva Martins Fabio Frohwein de Salles Moniz
	Segurança patrimonial em bibliotecas universitárias: relato de experiência no Sistema de Bibliotecas da Universidade Federal de Minas Gerais	Wellington Marcal de Carvalho Analia das Gracas Gandini Pontelo Dina Marques Pereira Araujo
	Resistência no papel: a imprensa de oposição à ditadura civil-militar no Brasil no acervo da Fundação Biblioteca Nacional	Bruno Brasil
	Preciosidades do Acervo: A producao verbovisual de Raul Pompeia no acervo da Biblioteca Nacional	Gilberto Araujo de Vasconcelos Junior
141	Apresentação	
	"Guiou-me no estudo dessas sentenças, única e exclusivamente, o desejo de acertar": as considerações processuais do magistrado Francisco José Viveiros de Castro sob a perspectiva da Escola Positiva do Direito (1890-1900)	Adriana Gomes
	(Re)descobrir o Brasil pela história. Escolanovismo, historiografia e ensino de história no Brasil dos anos 1920	Rui Aniceto Nascimento Fernandes
	Salammbô (1862), de Gustave Flaubert: fontes e polêmica	Celina Maria Moreira de Meello
	A reportagem ágil e o texto impertinente de um jornalzinho manuscrito	Irineu Eduardo Jones Corrêa Luzia Ribeiro de Carvalho

VOLUME	TÍTULO	AUTORIA
141	"Revista do crime, não é bem dito": *Archivo Vermelho*, notícias criminais e programa de recolha e classificação de dramas sociais	Marina Maria de Lira Rocha
	O acervo da Biblioteca Nacional e a Independência do Brasil, 200 anos	Lucia Maria Bastos P. Neves
	O Conde de Linhares e a economia política na Era das Revoluções: Brasil, Portugal e Inglaterra, c.1795-c.1808	Thiago Alves Dias
	Opinião pública, imprensa e representação no Brasil Império	Tassia Toffoli Nunes
	O *tour* da Bahia: o manuscrito de Boniface Bellons e a literatura de viagens europeia do início do século XIX	Frederico Tavares de Mello Abdalla
	Preciosidades do Acervo: Plantas da nação: a representação da flora na construção da natureza tropical e da nação brasileira	Bruno Capilé